La Revolución americana

Una guía fascinante sobre la guerra de Independencia de Estados Unidos y su lucha por la independencia de Gran Bretaña

© Copyright 2020

Todos los derechos reservados. Ninguna parte de este libro puede ser reproducida de ninguna forma sin el permiso escrito del autor. Los revisores pueden citar breves pasajes en las reseñas.

Descargo de responsabilidad: Ninguna parte de esta publicación puede ser reproducida o transmitida de ninguna forma o por ningún medio, mecánico o electrónico, incluyendo fotocopias o grabaciones, o por ningún sistema de almacenamiento y recuperación de información, o transmitida por correo electrónico sin permiso escrito del editor.

Si bien se ha hecho todo lo posible por verificar la información proporcionada en esta publicación, ni el autor ni el editor asumen responsabilidad alguna por los errores, omisiones o interpretaciones contrarias al tema aquí tratado.

Este libro es solo para fines de entretenimiento. Las opiniones expresadas son únicamente las del autor y no deben tomarse como instrucciones u órdenes de expertos. El lector es responsable de sus propias acciones.

La adhesión a todas las leyes y regulaciones aplicables, incluyendo las leyes internacionales, federales, estatales y locales que rigen la concesión de licencias profesionales, las prácticas comerciales, la publicidad y todos los demás aspectos de la realización de negocios en los EE. UU., Canadá, Reino Unido o cualquier otra jurisdicción es responsabilidad exclusiva del comprador o del lector.

Ni el autor ni el editor asumen responsabilidad alguna en nombre del comprador o lector de estos materiales. Cualquier desaire percibido de cualquier individuo u organización es puramente involuntario.

Tabla de contenidos

INTRODUCCIÓN 1
CAPÍTULO 1 - AMÉRICA COLONIAL...4
CAPÍTULO 2 - LA GUERRA DE LOS SIETE AÑOS Y SUS CONSECUENCIAS 11
CAPÍTULO 3 - TRIBUTACIÓN SIN REPRESENTACIÓN............................18
CAPÍTULO 4 - EL CAMINO A LA GUERRA 26
CAPÍTULO 5 - DAVID VERSUS GOLIAT..34
CAPÍTULO 6 - INDEPENDENCIA..42
CAPÍTULO 7 - WASHINGTON CONTRA LAS CUERDAS.....................50
CAPÍTULO 8 - LA DIMENSIÓN INTERNACIONAL 58
CAPÍTULO 9 - GUERRA EN EL SUR...65
CAPÍTULO 10 - RENDICIÓN EN YORKTOWN 72
CAPÍTULO 11 - UNA UNIÓN IMPERFECTA.................................80
CAPÍTULO 12 - UNA UNIÓN MÁS PERFECTA 86
CAPÍTULO 13 - DESTINO MANIFIESTO 94
CONCLUSIÓN..101
VEA MÁS LIBROS ESCRITOS POR CAPTIVATING HISTORY 105
LECTURA ADICIONAL..106

Introducción

Estados Unidos ha sido una de las mayores potencias del mundo durante casi un siglo, pero comenzó su vida como una colección de trece colonias del poderoso Imperio británico. La forma en que los estadounidenses de las Trece Colonias se rebelaron contra el dominio británico y lograron la independencia gracias a la guerra fue en muchos sentidos milagrosa. Marcó un punto de inflexión en la historia, no solo en términos del nacimiento de un nuevo estado, sino porque este estado se fundó sobre los principios del republicanismo, las libertades y los derechos, algo muy distinto de las sociedades de los antiguos reinos e imperios europeos. La independencia estadounidense no era de ninguna manera inevitable. La historia del nacimiento de los Estados Unidos es una historia de mala gestión colonial británica, de un pequeño y dedicado grupo de individuos notables que encontraron un interés común en defender su medio de vida. También es el relato de los rivales europeos británicos que buscaban explotar la debilidad británica. Las Trece Colonias se habían unido para luchar contra los británicos, pero la debilidad del gobierno central amenazó la supervivencia de Estados Unidos casi desde el momento en que se firmó la paz con Gran Bretaña. Aunque la era de los Padres Fundadores puede parecer remota para la mayoría de la gente, sigue estando presente en el debate político contemporáneo.

Este libro presenta un esquema general de la Revolución americana, centrándose en gran medida en el período entre el estallido de la rebelión en 1765 hasta la ratificación de la Constitución de Estados Unidos en 1789. En homenaje a las trece colonias originales, el libro se divide en trece capítulos. El capítulo 1 describe el contexto de las Trece Colonias como posesiones coloniales británicas. Los capítulos 2-4 abordan las respuestas estadounidenses a los intentos británicos de aumentar la presión fiscal en las Trece Colonias. El capítulo 5 evalúa las fortalezas y debilidades de los ejércitos estadounidense y británico en el estallido de la guerra, y cómo estas dinámicas cambiaron en el curso del conflicto. Los capítulos 6-10 cubren el período de hostilidades militares desde la Declaración de Independencia en 1776 hasta la rendición británica en Yorktown en 1781. Los capítulos 11 y 12 cubren el período inquieto de paz durante el cual el gobierno central no pudo resolver disputas entre estados individuales, y los resultados que se derivaron de esto. El capítulo 13 describe brevemente los debates y temas clave que se ejecutarían a través de la historia estadounidense en el medio siglo después de la adopción de la Constitución.

Los Estados Unidos de América han existido como un país independiente durante dos siglos y medio. En contraste con el Sacro Imperio romano germánico, que duró mil años (800-1806), o el Imperio otomano que perduró durante más de seiscientos (1299-1923), Estados Unidos sigue siendo relativamente joven. Fue concebido como un experimento político y una desviación radical de los principios organizadores de la mayoría de los estados europeos. No era demasiado seguro que la Unión perduraría en sus primeros años, y se arriesgó una vez más la desintegración durante la guerra civil en la década de 1860. En una era en la que el discurso político se está polarizando cada vez más, vale la pena reflexionar sobre las circunstancias de la fundación de Estados Unidos y cómo los estados, con intereses diferentes y visiones rivales, se unieron para lograr la independencia y crearon un escenario político para sus nuevas concepciones de gobierno. Algunos de sus compromisos, como los referidos a la esclavitud, fueron erróneos e incompatibles con sus objetivos fundacionales, pero se hicieron sobre la base de la conveniencia política en un momento en que la república estadounidense estaba constantemente amenazada por enemigos externos, incluidos antiguos aliados. Este libro busca recordar a los lectores que Estados Unidos fue creado por un conjunto de padres fundadores que tenían visiones contradictorias, pero compartían unos principios comunes dedicados a la vida, la libertad y la búsqueda de la felicidad.

Capítulo 1 – América colonial

La historia de los Estados Unidos de América comienza con el asentamiento europeo del Nuevo Mundo, o el continente americano. Aunque los colonos vikingos establecieron su presencia en Terranova, la actual Canadá, no fue hasta el llamado descubrimiento de América de Cristóbal Colón en 1492 cuando los estados europeos comenzaron a colonizar las Américas. Colón, al servicio de la monarquía española, allanó el camino para la colonización española de Centroamérica y gran parte de Sudamérica. La parte restante - Brasil- fue conquistada por los portugueses. En el proceso, los colonizadores sometieron a las poblaciones nativas. A través de una combinación de muerte por enfermedad y matrimonios con los colonos, la población nativa disminuyó y fue asimilada por la cultura de los colonizadores europeos. Con los primeros exploradores, el control español del continente americano solo se extendió hasta los modernos estados estadounidenses de Florida, Texas y California.

Los factores económicos fueron la principal motivación de la actividad colonial en las Américas. Cada año los galeones españoles cargados de oro y plata navegaban a través del Atlántico para llenar las arcas del tesoro del rey. A largo plazo, esto resultaría ser un arma de doble filo, ya que la importación de cantidades tan grandes de oro y plata estadounidenses en Europa devaluó la moneda. Además, estos ricos barcos llenos de tesoros fueron objetivo de piratas y corsarios. Aunque en el siglo XVI la Armada Real inglesa no pudo desafiar a España en igualdad de condiciones, el marinero inglés sir Francis Drake comenzó su carrera saqueando barcos españoles en el Caribe y enviando el tesoro a la reina Isabel I (1558-1603) para el erario público o la tesorería. Durante el siglo XVII, la supremacía naval española se vería amenazada por las llamadas potencias marítimas, los Países Bajos, que consiguieron la independencia de España en 1648 después de una lucha de ocho años, e Inglaterra, que se convirtió en Gran Bretaña después del Acta de Unión con Escocia en 1707. Aprovechando la disminución del control naval español sobre el Atlántico, los británicos y holandeses establecieron colonias en el Caribe y en América del Norte, y no fueron las únicas potencias europeas en hacerlo. Francia tomaría el control de grandes partes de lo que ahora son Estados Unidos y Canadá. Suecia, Dinamarca e incluso el pequeño ducado de Courland en el Báltico también establecieron colonias en el Caribe.

Los asentamientos británicos, franceses y holandeses en las Américas también fueron el resultado de motivaciones económicas, aunque la fuente de riqueza era de naturaleza diferente a la de las posesiones coloniales de España. Si bien América del Norte y el Caribe no tenían los ricos depósitos de metales preciosos que disfrutaban las posesiones españolas en México y Perú, el clima era propicio para el cultivo de productos como el azúcar, el café y el algodón. Si bien eran bienes muy lucrativos, su cultivo era muy laborioso, y los colonialistas europeos carecían de la mano de obra necesaria para explotar plenamente la riqueza de la tierra. Como resultado de esta demanda de mano de obra, se desarrolló un comercio triangular entre Europa, África y las Américas, controlado por los europeos. Los europeos enviaban productos manufacturados a África a cambio de esclavos, que eran transportados a las colonias norteamericanas para trabajar la tierra. Los cultivos cosechados y las materias primas se importaban a Europa para su consumo y posterior transformación. Estos bienes se utilizaban para comprar más esclavos en África, por lo que el comercio continuó operando hasta el siglo XIX.

El asentamiento británico en América del Norte se limitó en gran medida a la costa oriental, desde Massachusetts en el norte hasta Georgia en el sur. Además de sus posesiones canadienses, los colonos británicos establecieron trece colonias a lo largo de un siglo entre los años 1620 y 1733, cuando se fundó la colonia de Georgia. El asentamiento británico no se extendió mucho más al oeste debido a las montañas de los Apalaches, que sirvieron como barrera geográfica para seguir circulando. Los británicos también entraron en conflicto con poblaciones nativas que a menudo salían victoriosas en combates a pequeña escala con los colonos, que eran inferiores en número. También se vieron obligados a competir con rivales europeos; de hecho, algunas colonias británicas fueron fundadas originalmente por potencias europeas rivales. La ciudad de Nueva York fue fundada por los colonos holandeses con el nombre de Nueva Ámsterdam antes de que los británicos tomaran el control en 1664 y renombraron la ciudad en honor al duque de York. Mientras que los holandeses fueron derrotados fácilmente, los franceses se establecieron y reclamaron el territorio de Luisiana, que comprende el este de Canadá y gran parte de la cuenca del río Misisipi en el lado opuesto de los Apalaches. Mientras tanto, los españoles tenían un punto de apoyo en Florida. Como resultado, el asentamiento británico al sur del río San Lorenzo se limitó en gran medida a las Trece Colonias.

Los colonos británicos en América eran en su mayoría súbditos leales del monarca británico y no compartieron una identidad común "estadounidense". En su lugar se identificaron con las colonias en las que vivían. Una serie de factores geográficos, sociales y económicos interrelacionados contribuyeron a la divergencia en el desarrollo cultural de las Trece Colonias. Las posesiones británicas en América del Norte podrían dividirse en tres grupos distintos: Nueva Inglaterra (Nuevo Hampshire, Massachusetts, Providence, Rhode Island y

Connecticut); las colonias medias (Nueva York, Nueva Jersey, Pensilvania, Delaware); las colonias del sur (Virginia, Maryland, Carolina del Norte, Carolina del Sur, Georgia). La mayor parte de la actividad económica en las colonias estaba dominada por la agricultura, especialmente en las colonias del sur. Estos grandes territorios basaban su economía en plantaciones que dependía en gran medida de la mano de obra esclava. Las revueltas de esclavos eran frecuentes, pero se producían a pequeña escala y se reprimían fácilmente. En las colonias más pequeñas de Nueva Inglaterra, el clima y la geografía no eran propicios para los cultivos comerciales. La economía estaba orientada a actividades industriales a pequeña escala, incluida la fabricación de ron y la construcción naval. Los principales puertos de Nueva York y Boston, Massachusetts, se convirtieron en prósperos centros de comercio internacional. La esclavitud existía en el norte, pero los esclavos eran empleados como sirvientes domésticos en lugar de obreros agrícolas.

El potencial económico del Nuevo Mundo atrajo a un gran número de inmigrantes. Miles de colonos se sintieron tentados por las oportunidades ofrecidas por las empresas coloniales e hicieron el viaje a través del Atlántico. Aunque el viaje era peligroso y los colonos eran propensos a sucumbir a las enfermedades, los sobrevivientes podían esperar un estilo de vida próspero y cómodo. A diferencia de Europa, donde la tierra era cara y propiedad de aristócratas, en el Nuevo Mundo la tierra era barata y abundante para los europeos que llegaban. Las clases más bajas disfrutaban de mejores niveles de vida que en Europa. A través de una combinación de crecimiento natural de la población e inmigración, la población europea en las Trece Colonias se quintuplicó entre 1650 y 1700 y pasó de 55.000 a 265.000 habitantes. La población alcanzaría el millón en 1750. En 1751, el botánico de Pensilvania John Bartram retrató las Trece Colonias como un paraíso en la tierra:

> *Inglaterra ya tiene una línea ininterrumpida de provincias bien pobladas en la costa, que han florecido en menos de 150*

años. Cada año aumentan por la adhesión de personas entusiasmadas por el deseo de vivir bajo los gobiernos y las leyes formadas sobre el modelo más excelente sobre la tierra. En vano buscamos una prosperidad igualitaria entre las plantaciones de otras naciones europeas.

Las olas de la inmigración al Nuevo Mundo no solo estaban motivadas por factores económicos, sino también por la religión. Desde la Reforma protestante en 1517, Europa se vio envuelta en un conflicto religioso entre católicos y protestantes, que alcanzó el clímax con el estallido de la guerra de los Treinta Años (1618-48). Incluso dentro de los países protestantes, las sectas más radicales entraron en conflicto con las iglesias anglicanas y luteranas establecidas y fueron enjuiciadas. En 1620, los Padres Peregrinos navegaron desde Plymouth en el sur de Inglaterra hasta el Nuevo Mundo y establecieron la colonia Plymouth en la bahía de Massachusetts, la primera colonia permanente en Nueva Inglaterra y la segunda colonia británica después de Jamestown, Virginia. Eran puritanos, una secta protestante radical que buscaba permanecer separada de la Iglesia anglicana. En 1607, huyeron de la agitación política y religiosa de Inglaterra y se establecieron en los Países Bajos, que eran relativamente tolerantes y abiertos con los refugiados protestantes radicales. Las dificultades para aprender el idioma holandés y encontrar empleo en los Países Bajos hicieron que muchos regresaran a Inglaterra en 1617. Luego concibieron un plan para navegar a través del Atlántico y establecer una colonia en el Nuevo Mundo, permitiéndoles conservar su identidad inglesa y vivir en una sociedad gobernada por sus principios religiosos.

Debido al legado de los Padres Peregrinos, toda la región de Nueva Inglaterra llegó a ser dominada por los puritanos. Las otras colonias eran más diversas en términos de religiosidad. Las colonias medias eran especialmente receptivas a la inmigración extranjera. Una gran población irlandesa, tanto protestante como católica, se estableció en Nueva York. Los luteranos alemanes emigraron en gran número a Pensilvania. Anglicanos y bautistas dominaron el sur. Aunque los inmigrantes británicos de las Trece Colonias fueron superados en número por otras nacionalidades durante el siglo XVIII, la población anglosajona existente aumentó a lo largo del siglo XVII. Esto se debe a que la mayoría de la población europea en América del Norte tenía ascendencia británica.

Las Trece Colonias divergían no solo en sus identidades religiosas y sus estructuras económicas, sino también en sus estructuras políticas. Mientras que las monarquías francesas y españolas gobernaban directamente sobre sus territorios en el Nuevo Mundo, la colonización británica de las Américas se regía a través de empresas privadas. La colonia más antigua, Virginia, fue propiedad de la compañía Virginia, que se estableció para financiar la colonización. Estas colonias fueron establecidas por empresas a las que se les había concedido una carta real. Dado que la colonización fue financiada de forma privada, las empresas no costaron nada a la monarquía británica. La Corona concedería a los colonos una carta que estableciera las reglas del gobierno, pero las colonias se gobernarían a sí mismas. Todas las colonias operaban bajo el derecho común inglés, y cada una tenía una legislatura bicameral basada en el Parlamento británico en Westminster. La Cámara Baja, o asamblea, fue elegida por los electores, en su parte cristianos propietarios. La Cámara Alta, o consejo, sería nombrada por el gobernador, por lo general un designado real. A nivel local, las formas de gobierno diferían entre las regiones. Las colonias del norte estaban más urbanizadas y los ayuntamientos eran la forma principal del gobierno local. Las colonias rurales del sur se basaban en el gobierno a nivel del condado. Tanto la ciudad como el condado coexistieron en las colonias medias.

A lo largo del siglo XVII, el estado británico comenzó a tomar un mayor interés en América del Norte. Las guerras contra los holandeses y los franceses en Europa se desataron en el Nuevo Mundo. Las fuerzas armadas británicas fueron empleadas contra los holandeses y franceses en América del Norte y tomaron el control de sus territorios. La Corona concedió estos territorios a personas y familias de confianza que gobernarían el territorio como representantes del soberano británico. Las colonias gobernadas por estos individuos eran conocidas como colonias propietarias. Cuando Nueva York fue capturado de los holandeses, el rey Carlos II (1660-85) concedió la colonia al hermano menor James, duque de York, para gobernar como una colonia propietaria. Cuando el duque de York se convirtió en el rey Jaime II (1685-88), Nueva York se convirtió en una colonia real gobernada directamente por el rey. Otra colonia propietaria importante fue Pensilvania, que fue otorgada por el rey Carlos II a William Penn en 1681 en compensación por una deuda con el difunto padre de Penn, el almirante William Penn. A lo largo del siglo XVII, muchas compañías fueron privadas de sus estatutos, ya que la Corona británica asumió el dominio directo. Estas colonias reales fueron regidas por gobernadores nombrados por el soberano británico. Aunque la mayoría de las colonias caerían bajo el dominio directo, durante la primera mitad del siglo XVIII los gobernadores reales continuaron permitiendo a los gobiernos coloniales un grado significativo de autonomía. En un acuerdo que llegó a llamarse "negligencia saludable", los gobernadores designados por el monarca británico estaban lo suficientemente contentos como para permitir a los colonos un autogobierno efectivo mientras continuaran generando ingresos fiscales para el estado británico a través de sus actividades económicas.

Capítulo 2 – La guerra de los Siete Años y sus consecuencias

La política de "negligencia saludable" del británico gobierno fue una fórmula exitosa hasta que las Trece Colonias fueron amenazadas por la guerra. Aunque los colonos estaban dispuestos a tomar las armas para defenderse, el gobierno en Londres sospechaba de los intentos coloniales de establecer una fuerza militar independiente del mando de Londres. Un intento anterior de las colonias de Nueva Inglaterra de crear una alianza para protegerse de las amenazas francesas e indias contribuyó a la decisión del gobierno británico de revocar las cartas de las colonias. América del Norte estuvo relativamente tranquila durante la primera mitad del siglo XVIII, pero los conflictos en Europa estaban empezando a extenderse en el Nuevo Mundo. La guerra de Sucesión Española (1701-14) ya había visto a los ejércitos británico y francés chocar en América del Norte. En 1740, Europa fue sacudida por un terremoto político a causa del rey Federico II de Prusia (1740-86), que redibujaría el mapa de Europa apoderándose de Silesia, perteneciente al Imperio de los Habsburgo de Austria. El shock para los Habsburgo fue tan grande que optaron por una alianza con Francia -el archienemigo del Imperio durante más de dos siglos-

en un esfuerzo por recuperar los territorios que perdieron ante Prusia.

En 1756, una alianza compuesta por Austria, Francia y Rusia declaró la guerra a Federico en un esfuerzo por frenar sus objetivos expansionistas. En Europa, Prusia solo podía contar con Gran Bretaña como aliado. Mientras que la Corona británica tenía presencia en Europa continental en virtud del hecho de que el rey Jorge II (1727-60) también era elector de Hannover, los ejércitos británico y hanoveriano eran de valor limitado para Federico y no podían marcar una gran diferencia en las batallas terrestres. La fuerza de Gran Bretaña residía principalmente en su formidable marina, que podría atacar las colonias francesas de ultramar y distraer la atención del escenario europeo. La frontera entre los territorios británicos y franceses en América del Norte fue disputada por ambas partes y esto influyó en la toma de decisiones en Londres. La subsiguiente guerra de los Siete Años (1756-63) adquirió así dimensiones internacionales. Mientras que el escenario europeo puede ser considerado una lucha de vida o muerte para la Prusia de Federico el Grande contra tres enemigos mucho más grandes, la guerra de los Siete Años también fue parte de una lucha anglo-francesa por la hegemonía global que abarca las Américas, así como Asia y África.

La guerra norteamericana de los Siete Años también fue conocida como la guerra de Francia e India. Las hostilidades comenzaron en 1754 cuando los franceses y los británicos disputaron la frontera entre sus respectivos territorios. Los franceses construyeron una serie de fuertes a lo largo del valle del río Ohio. En mayo, la milicia colonial británica bajo el mando del coronel George Washington, que entonces tenía 22 años, hizo una emboscada a un grupo francés en su camino a Fort Duquesne, un fuerte francés que ocupó una importante posición estratégica en el cruce de tres ríos. Washington ordenó la construcción del Fort Necessity como base. Sin embargo, pronto se vio obligado a entregar el fuerte a los franceses cuando contraatacaron. En junio de 1754, representantes de once colonias se reunieron en Albany, Nueva York, en un esfuerzo por establecer una confederación que proporcionara protección mutua y permitiera a las colonias presentar un frente unido en negociaciones diplomáticas con tribus indias. El plan para crear una unión fue desarrollado por Benjamin Franklin, un erudito de Pensilvania que estaba muy involucrado en la política de Pensilvania. Franklin alentó el apoyo a su plan mediante la producción de una caricatura con una serpiente dividida en varias partes con la leyenda "Únete o muere". Franklin propuso que la nueva entidad sería gobernada por un presidente designado por la Corona británica. El Congreso de Albany aprobó una versión enmendada del plan de Franklin, pero no fue ratificado por las legislaturas coloniales ni por la Corona británica. El sueño de la unión entre las Trece Colonias tendría que esperar.

Las hostilidades en América del Norte se intensificaron una vez que los franceses y los británicos se vieron envueltos en la guerra en Europa. El gobierno británico comenzó a enviar unidades regulares del ejército a Estados Unidos comandadas por oficiales británicos. Aunque las autoridades británicas exigieron que los colonos proporcionaran apoyo material para el esfuerzo bélico, despreciaron a la milicia colonial, causando un considerable resentimiento entre los hombres que se consideraban ingleses. Mientras tanto, también fueron enviados refuerzos del ejército regular francés a las costas estadounidenses. Durante las etapas iniciales de la guerra, los ejércitos franceses disfrutaron de varios éxitos. Dado que la población francesa en América del Norte era apenas un cinco por ciento de la población británica, decidieron formar alianzas con tribus indias para reforzar su número. En agosto de 1757, una fuerza francesa e india bajo el mando del general Louis-Joseph de Montcalm asedió Fort William Henry en Nueva York. El comandante de la guarnición británica negoció una rendición, pero los aliados indios de Montcalm, privados de trofeos de guerra, rompieron el acuerdo y masacraron a cientos de habitantes británicos, incluyendo mujeres y niños. Este famoso incidente fortaleció la determinación del ejército británico e influyó en las decisiones del comando militar británico para el resto de la guerra.

La suerte militar se puso a favor de Gran Bretaña a finales de 1757. Los británicos lograron evitar nuevos asaltos de Montcalm. Mientras que los refuerzos y suministros británicos fueron enviados regularmente a América del Norte desde Gran Bretaña, la supremacía naval de la Marina Real británica impedía los intentos franceses de abastecer a Montcalm. En el verano de 1757, el gobierno británico fue reorganizado después de las derrotas anteriores. Como secretario de estado del departamento del sur en el gobierno británico, William Pitt se hizo cargo de la política exterior británica y el esfuerzo de guerra. Propuso una nueva estrategia para retener a los ejércitos franceses en Europa enviando un ejército británico para las operaciones en el continente europeo. Al mismo tiempo ofrecería a Federico el Grande un subsidio para mantener a los grandes ejércitos prusianos en el campo. Mientras tanto, la Marina Real apoyaría expediciones para apoderarse de colonias francesas de todo el mundo. Ya en 1757 las fuerzas británicas lograron el éxito contra los franceses en la India. En la batalla de Plassey producida en junio, Robert Clive llevó a la victoria al ejército británico de las Indias Orientales contra un aliado francés en la región. La victoria de Clive estableció el dominio británico en Bengala y finalmente permitió al Imperio británico, a través de la Compañía de las Indias Orientales, controlar la totalidad del subcontinente indio.

En América del Norte, la estrategia de Pitt exigía la conquista de Canadá. En 1758, una fuerza británica comandada por el general Jeffrey Amherst capturó con éxito el fuerte de Louisbourg en la desembocadura del río San Lorenzo. Esto permitió a los británicos dirigirse a Quebec, la capital de Nueva Francia y un objetivo estratégico clave para las fuerzas británicas. Pitt nombró al general James Wolfe para dirigir un ejército para asediar las fuerzas de Montcalm en Quebec. El ejército de Wolfe, que era superado en número por el enemigo, asedió la ciudad en junio de 1759. Los británicos mantuvieron el asedio durante tres meses, pero las enfermedades comenzaron a extenderse por el campamento británico y Wolfe optó por medidas decisivas. El 13 de septiembre lanzó un atrevido asalto en las llanuras de Abraham con vistas a la ciudad. Wolfe tomó Montcalm por sorpresa y el impulso de sus hombres fue imparable. Los británicos ganaron una famosa victoria en menos de una hora, pero Wolfe fue asesinado mientras dirigía a sus hombres bajo una carga. Montcalm fue fatalmente herido y murió al día siguiente. La victoria de Wolfe pronto condujo a la conquista británica de Nueva Francia. Los esfuerzos franceses para lanzar una invasión en Gran Bretaña fracasaron, y las fuerzas británicas capturaron Montreal al año siguiente. La guerra en Europa duraría hasta 1763, pero la victoria británica en América del Norte estuvo asegurada ya en 1760.

Los británicos pueden haber ganado la guerra en América del Norte contra los franceses, pero perdieron la paz. La guerra amplificó una serie de disputas entre Londres y las colonias, y el gobierno británico trató de tomar un papel más activo en la gobernanza de las Trece Colonias. Durante el siglo XVIII, el poder político en el Reino Unido se transfirió gradualmente del rey (o reina) al Parlamento. El Parlamento británico estaba formado por una Cámara Alta, la Cámara de los Lores, y una Cámara Baja, la Cámara de los Comunes. Ambas cámaras se sentaron en alas opuestas del Palacio de Westminster. Los lores eran terratenientes no electos que heredaban sus títulos y propiedades, o que el rey les concedió. Los comunes estaban formados por miembros del Parlamento (diputados) elegidos por el electorado, aunque la votación se limitaba a un número bastante pequeño de hombres propietarios. El rey entonces nombraría un gobierno de ministros que pudieran comandar el apoyo de ambas cámaras del Parlamento. El sistema político británico estaba dominado por dos partidos, los *tories*, que tendían a apoyar al rey, y los *whigs*, que visionaban un papel más importante para el Parlamento. Sin embargo, las afiliaciones a los partidos eran fluidas y los gobiernos generalmente incluían a ministros *whigs* y *tories*. Desde 1721, el gobierno británico fue dirigido por un primer ministro. El primer hombre en asumir este papel, Robert Walpole (1721-42), demostró ser indispensable para el rey Jorge I (1714-27) en sus interacciones con el Parlamento. Walpole permaneció en este papel decisivo hasta 1742 y continúa manteniendo el récord del primer ministro británico más longevo.

Durante la guerra de los Siete Años, el duque de Newcastle, Thomas Pelham-Holles, sirvió como primer ministro (1757-62), aunque William Pitt compartió el poder como secretario del sur. El gobierno *whig* de Newcastle cayó en 1762 tras la intervención del rey Jorge III (1760-1820). El nuevo rey creía que el ministerio de Newcastle-Pitt estaba invadiendo los privilegios reales y en su lugar defendió la causa del conde de Bute, que se convirtió en el primer ministro tory (1762-63). Aunque los británicos obtuvieron la victoria en la guerra de los Siete Años, el conflicto fue caro y la deuda nacional de Gran Bretaña se duplicó. El gobierno de lord Bute creía que las colonias no habían aportado suficientes recursos para apoyar al ejército británico en Estados Unidos. En consecuencia, el gobierno tomó medidas para establecer un mayor grado de control central sobre las colonias. El gobierno de Westminster preveía que un ejército regular británico de 10.000 hombres fuera ubicado permanentemente en América del Norte para proteger los intereses coloniales, y serían pagado por los colonos.

Como era de esperar, las colonias se resistieron a los esfuerzos para ser gobernadas desde Londres y defendieron su autonomía. A los colonos no se les había permitido luchar para protegerse, pero se les pidió que pagaran por las tropas regulares británicas. La actitud despectiva del ejército británico hacia la milicia colonial también condujo al resentimiento. Durante la guerra, George Washington, el joven oficial que estuvo involucrado en el estallido de las hostilidades, había sido ascendido al rango de general de brigada en la milicia colonial. En 1758 participó en operaciones que finalmente llevaron a la conquista de Fort Duquesne, que fue reemplazado por Fort Pitt, ahora la ciudad de Pittsburgh. Washington esperaba ser reconocido como oficial en el ejército regular británico, pero se le negó la comisión real que tanto buscaba.

La guerra de los Siete Años había fortalecido los lazos entre las colonias, a pesar del fracaso del congreso de Albany. Después de evitar la amenaza de los ejércitos franceses, los colonos estadounidenses reconocieron la nueva amenaza que representaban sus amos imperiales, el gobierno británico. Las crecientes tensiones entre las dos partes se hicieron evidentes en 1763 tras la firma del Tratado de París, que oficialmente puso fin a la guerra de los Siete Años y cedió territorio francés a Gran Bretaña. Bajo los términos del tratado, Francia cedió sus reivindicaciones al este del río Mississippi a Gran Bretaña. Se esperaba que la población de las Trece Colonias británicas existentes en América del Norte se asentase en estos territorios recién conquistados. En cambio, las colonias sintieron que tenían motivos para sentirse rodeadas y aisladas. El 7 de octubre de 1763, el rey Jorge emitió una proclamación real que confinaba el asentamiento colonial al este de las montañas de los Apalaches. Los territorios al oeste de esta línea se convirtieron en parte de una reserva india. Durante la guerra de los Siete Años, los británicos habían prometido a los indios que podrían permanecer en sus tierras si abandonaban su apoyo a los franceses. Los británicos decidieron cumplir estas promesas, en lugar de la promesa de expansión que hicieron con los colonos. Solo la Corona británica podría decidir mover esta línea de demarcación más al oeste. Durante la década siguiente, los especuladores de tierras coloniales y británicas presionaron con éxito al gobierno británico para que abriera territorios más al oeste. Sin embargo, en ese momento, las Trece Colonias estaban en rebelión abierta contra el gobierno británico.

Capítulo 3 – Tributación sin representación

El Tratado de París que puso fin a la guerra de los Siete Años fue mal recibido en Londres, así como en las colonias. La indulgencia de lord Bute hacia los enemigos británicos en la guerra le costó popularidad política y fue privado del favor del rey Jorge. En abril de 1763, el rey despidió a Bute y nombró a George Grenville (1763-65) en su lugar. Aunque Grenville se identificó como un *whig*, había sido ministro en el gobierno de Bute y mantuvo a la mayoría de los ministros de su predecesor. En consecuencia, siguió una política similar con respecto a la relación de Gran Bretaña con sus colonias norteamericanas. En abril de 1764, el Parlamento aprobó la Ley del Azúcar, cuyo objetivo era reforzar la aplicación de la recaudación de derechos de aduana sobre el azúcar. La nueva legislación dañó la economía de los puertos de Nueva Inglaterra, que dependía en gran medida del comercio del azúcar. Los flujos comerciales fueron desviados de Nueva Inglaterra hacia las Indias Occidentales Británicas, que no se vieron afectadas por el impuesto. Un pequeño número de comerciantes en Nueva Inglaterra organizaron protestas contra la medida boicoteando los productos británicos, aunque estos actos de resistencia eran de baja intensidad y estaban restringidos a Nueva Inglaterra.

La Ley del Azúcar recaudaría ingresos insuficientes para financiar la presencia militar británica en América del Norte. Cuando introdujo la Ley del Azúcar, Grenville anunció que podría "ser apropiado cobrar ciertos derechos de timbre en dichas colonias y plantaciones". Los deberes de timbre ya estaban en los libros de estatutos en el Reino Unido, y demostraron ser un método eficaz para que el Hacienda británica recaudara ingresos. Todos esos documentos solo podían tener fuerza legal si se estampaban, y cualquier cosa que no llevara un sello podría ser rechazada como nula. La perspectiva de un nuevo impuesto hizo que las colonias se alertaran, y buscaran más información sobre las medidas propuestas. Cuando los agentes coloniales se reunieron con Grenville en mayo de 1764, insistieron en que los impuestos debían ser recaudados por las asambleas coloniales en lugar del Parlamento británico. Grenville les aseguró que estaba dispuesto a considerar cualquier medida siempre y cuando recaudara los ingresos necesarios, aunque proporcionó poca información sobre cómo tenía la intención de aplicar el impuesto.

En los meses siguientes, quedó claro que Grenville estaba ignorando la solicitud de los colonos y planeaba imponer un impuesto directo al Parlamento. En febrero de 1765, otro grupo de agentes coloniales se reunió con Grenville para discutir las propuestas. La delegación de cuatro hombres estaba compuesta por Benjamin Franklin de Pensilvania, Jared Ingersoll y Richard Jackson, ambos representando a Connecticut, y Charles Garth de Carolina del Sur. Tanto Jackson como Garth también eran parlamentarios que representaban a las circunscripciones inglesas. Los agentes coloniales repitieron su recomendación de que se permitiera a los estadounidenses establecer impuestos. Jackson argumentó que, si el Parlamento tuviera el derecho de gravar directamente a las colonias, los gobernadores reales ya no tendrían que convocar a las asambleas coloniales para aumentar los impuestos. Grenville desestimó estas preocupaciones. Los agentes coloniales no impidieron que Grenville presentara el impuesto, que pasó por ambas cámaras del Parlamento en febrero y recibió el consentimiento real en marzo de 1765. El gobierno británico impuso un impuesto a todo el material impreso comercialmente en las colonias. Los más altos se aplicaban a los documentos judiciales y concesiones de tierras. Y también se aplicaban a los juegos con cartas y dados, un aspecto clave del entretenimiento del siglo XVIII y la vida social. El impuesto sería aplicado por un distribuidor de sellos, un funcionario público designado por Londres.

La Ley de Sellos pronto se convirtió en el tema de la legislación más controvertido en la historia del dominio británico en Estados Unidos. Los colonos impugnaron la legislación, no solo por sus efectos económicos, sino por sus principios políticos. El debate sobre la Ley de Sellos se centró en dos interpretaciones opuestas de la constitución británica. Grenville y sus ministros fueron firmes creyentes en la doctrina de la soberanía parlamentaria. Bajo este principio, el Parlamento británico en Westminster era el legislador supremo de la tierra, y su derecho a hacer leyes no podía ser impugnado por ninguna otra entidad o individuo. Los colonos, por otra parte, que se consideraban sujetos de la Corona británica y con derecho a todos los derechos de que gozaba el centro imperial, creían que solo tenían derecho a ser gravados si lo consentían a través de instituciones representativas. Ya en 1754, Benjamin Franklin planteó este asunto cuando escribió que "se supone un derecho indudable de los ingleses no ser gravados, sino por su propio consentimiento dado a través de sus representantes". Las colonias americanas no estaban representadas en el Parlamento británico en Westminster y en su lugar fueron gobernadas desde Londres por gobernadores reales. Las colonias tenían sus propias asambleas legislativas representativas que eran más que capaces de aumentar los impuestos. En consecuencia, Franklin y otros argumentarían que los impuestos solo podían ser recaudados por las asambleas coloniales en lugar de directamente por el Parlamento en Westminster.

Una serie de protestas se extendieron por las Trece Colonias bajo el lema "No impuestos sin representación". La magnitud de las protestas fue inesperada tanto para el gobierno británico como para los representantes estadounidenses estacionados en Londres. A pesar de su oposición a la Ley de Sellos, Benjamin Franklin animó a un amigo a pedir el nombramiento como distribuidor de sellos, y Jared Ingersoll se aseguró con éxito la oficina en Connecticut. La gente común se negó a usar los sellos y terminó quemándolos en su lugar. Los manifestantes tomaron las calles y apuntaron a los distribuidores de sellos, a veces incluso antes de desembarcar de sus barcos después del viaje desde Gran Bretaña. Sus efigies desfilaron en las calles y se escenificaron ejecuciones simuladas. En agosto de 1765, se formó en Massachusetts una organización radical llamada Hijos de la Libertad. Este grupo tenía como objetivo eliminar a Andrew Oliver, quien había sido elegido como el distribuidor de sellos para Massachusetts. Los Hijos de la Libertad movilizaron a las turbas en Boston y los alentaron a atacar a Oliver. Finalmente, renunció a su puesto después de que los alborotadores incendiaran su edificio de oficinas. El teniente gobernador Thomas Hutchinson, un conocido partidario de la Ley de Sellos, también fue atacado y su casa fue saqueada. Los radicales de otras colonias pronto establecieron sus propias sucursales de los Hijos de la Libertad, utilizando los mismos métodos de intimidación contra sus distribuidores de sellos. En noviembre, doce de los trece distribuidores de sellos se vieron obligados a renunciar a sus cargos.

Las protestas y disturbios en las calles acompañaron a la oposición a la Ley de Sellos a través de organismos políticos oficiales. A finales de mayo, la Cámara de los Burgueses de Virginia aprobó una serie de resoluciones que establecía que el Parlamento no tenía autoridad para gravar las colonias. Las Resoluciones de Virginia fueron presentadas por un joven abogado llamado Patrick Henry, quien estaba haciendo su primera aparición como miembro del cuerpo. En cierto sentido, la posición de Henry no era revolucionaria, ya que basó sus argumentos en la base de los derechos de los que gozaban los ingleses bajo la "antigua constitución" de Inglaterra. La determinación más radical de Henry, que no fue aprobada, pero fue impresa en periódicos en Rhode Island y Maryland, declaró que cualquiera que defendiera el derecho del Parlamento a gravar las colonias sería considerado "un enemigo de la colonia de Su Majestad". Para cuando se aprobaron las Resoluciones de Virginia, la mayoría de las legislaturas coloniales ya se habían disuelto para las vacaciones de verano. Para cuando se volvieron a reunir en el otoño, siguieron el ejemplo de Virginia. Después de un intenso debate, otras asambleas coloniales aprobaron resoluciones que negaban al Parlamento el derecho a gravar a las colonias. En octubre, representantes de nueve colonias convocaron el Congreso de la Ley de Sellos en Nueva York y emitieron una declaración similar, y solicitaron al rey y al Parlamento que derogaron la ley.

En Londres, las protestas contra la Ley de Sellos fueron finalmente reconocidas, y el Parlamento se sintió obligado a reexaminar la legislación. Estaban motivados para hacerlo, no solo como resultado de la violencia en las colonias, sino debido a los informes de la comunidad mercante británica de que sus ingresos habían sufrido como consecuencia de una disminución de las exportaciones coloniales. A finales de 1765, el ministerio de Grenville ya había caído y había sido reemplazado por un ministerio dirigido por el marqués de Rockingham. Este nuevo ministerio creía que la Ley de Sellos debía ser derogada, pero no podía estar seguro de que la medida de derogación ganaría una votación parlamentaria. En una serie de poderosos discursos en la Cámara de los Comunes, William Pitt defendió el derecho de los coloniales estadounidenses a protestar y argumentó que debían ser gravados por sus propias instituciones. En respuesta, Grenville, que seguía siendo diputado, argumentó que apoyar la Ley de Sellos alentaría que la rebelión se convirtiera en una revolución. Finalmente se acordó un compromiso en el Parlamento. El gobierno promovió un proyecto de ley para derogar la Ley de

Sellos, argumentando que nuevos intentos de hacer cumplir la Ley de Sellos conducirían a una guerra civil entre las Trece Colonias. Al mismo tiempo, el gobierno introdujo la Ley Declaratoria que afirmaba el derecho del Parlamento a gravar a las colonias americanas "en todos los casos". Ambas leyes se aprobaron el mismo día, el 18 de marzo de 1766.

La derogación de la Ley de Sellos fue recibida con júbilo en las colonias. Representantes de doce legislaturas coloniales -con la notable excepción de Virginia- aprobaron resoluciones para dar gracias y profesar su lealtad al rey. La euforia inicial se redujo una vez que los coloniales comenzaron a considerar las implicaciones de la Ley Declaratoria. Mientras tanto, Londres experimentó una vez más un cambio en el gobierno. El ministerio de Rockingham no pudo contar con el apoyo del Parlamento. El rey se dirigió hacia William Pitt para formar un gobierno, a pesar de la antipatía mutua entre los dos hombres. Pitt había rechazado la propuesta del rey en otras tres ocasiones anteriores, pero finalmente cedió. A los 57 años, Pitt mantuvo su reputación como héroe nacional durante la guerra de los Siete Años y siguió una política ambiciosa para restaurar el orden en las colonias y unir a las facciones rivales en el Parlamento británico. La decisión de Pitt de aceptar el título de conde de Chatham e ingresar a la Cámara de los Lores limitó su capacidad para perseguir estos planes. Pitt, ahora referido por su noble título de lord Chatham, ya no tenía derecho a sentarse en la Cámara de los Comunes, el escenario principal para el debate político. Así, los procedimientos en los Comunes fueron dirigidos por Charles Townshend, canciller de Hacienda en el gobierno de Chatham. El poder de Townshend aumentó después de que Chatham enfermara en marzo de 1767. Propuso una serie de medidas, incluida la Ley de Ingresos, que impuso derechos de aduana a una serie de mercancías, como plomo, vidrio, papel y té. El canciller creía que estos deberes serían más susceptibles de ser aplicados a las colonias, ya que no se cobraban sobre las transacciones internas entre las colonias, sino en las transacciones externas a través de los mares con los barcos británicos.

Los actos de Townshend provocarían otro conjunto de disturbios en América del Norte, aunque él no viviría para ver las consecuencias, ya que murió repentinamente a la edad de 42 años, en septiembre de 1767. Los debates sobre las leyes de Townshend fueron más matizados que los de la Ley de Sellos. Muchos colonos aceptaron que las costumbres eran legales, pero que, sin embargo, eran injustas e inapropiadas. Se alentó a los comerciantes de Nueva Inglaterra a negarse a importar mercancías británicas, mientras que las colonias intentaron desarrollar la industria en Nueva Inglaterra para reemplazarlas. Massachusetts fue el primero en organizar la resistencia política a las medidas de Townshend. En febrero de 1768, Samuel Adams, un cervecero e influyente figura pública en Massachusetts, escribió la Carta Circular de Massachusetts dirigida a las otras colonias, aconsejándoles que se unieran en oposición a los actos de Townshend. La medida fue aprobada en el segundo intento de la Cámara de Representantes de Massachusetts, y la Carta Circular fue recibida con entusiasmo en Virginia, que presentó una petición al Parlamento para revocar las Leyes de Townshend. Muchas colonias también aprobaron acuerdos de poca importancia, a pesar de saber que dañarían los intereses económicos de los puertos de Nueva Inglaterra. La Carta Circular llevó a los británicos a disolver la Cámara de Representantes y enviar unidades del ejército británico para mantener el orden en la ciudad de Boston. Las tensiones entre civiles y soldados británicos alcanzaron un clímax el 5 de marzo de 1770, cuando un grupo de ocho soldados británicos dispararon contra una turba y mataron a cinco personas. Los ocho soldados de infantería fueron acusados de asesinato, pero la mayoría fueron absueltos después de un juicio gracias a los esfuerzos de su abogado defensor John Adams, un primo de Samuel Adams. Adams argumentó que los soldados actuaron por defensa propia. Dos de los soldados fueron acusados de homicidio involuntario, pero recibieron castigos leves.

A pesar de la absolución de los soldados británicos, el incidente se conoció como la masacre de Boston y fortaleció la oposición colonial a las autoridades británicas. De hecho, el mismo día de la masacre de Boston, la Ley de Ingresos, la más insidiosa de las Leyes de Townshend, fue parcialmente derogada por el Parlamento. La derogación fue iniciada por Lord North, un *tory* que se convirtió en primer ministro en enero de 1770 y que permanecería en el cargo por otros doce años. Mientras que algunos parlamentarios apoyaban una derogación completa, North deseaba mantener los derechos sobre la importación de té, que se formalizó con la Ley del Té de 1773. La Ley del Té se había aprobado parcialmente con el fin de aumentar los ingresos de la Compañía de las Indias Orientales, que estaba exenta de la tributación aplicada a los comerciantes coloniales. Aunque estas medidas parlamentarias disminuyeron la carga impositiva sobre las colonias, los coloniales interpretaron esta ley como un nuevo intento del Parlamento de hacer valer su derecho a gravarlas. Los grupos de Hijos de la Libertad en Pensilvania y Nueva York fueron los primeros en resistirse a la Ley del Té y lo hicieron impidiendo la importación de té en sus puertos. En Boston, Samuel Adams estaba igualmente dispuesto a asegurarse de que los barcos mercantes que transportaban té fueran rechazados. La llegada del barco de la compañía Dartmouth al puerto de Boston con su carga de té el 28 de noviembre dio lugar a un enfrentamiento entre los partidarios de la legislación y los empleados de la Compañía de las Indias Orientales. Ninguna de las partes estaba dispuesta a retroceder, y el barco permaneció amarrado mientras las partes interesadas intentaban encontrar una solución. El 16 de diciembre, Adams se dio cuenta de que se iba a intentar descargar el té. En respuesta, un grupo de cincuenta hombres subió a bordo del Dartmouth y a otros dos barcos amarraron en el puerto de Boston y arrojaron 90.000 libras de té al puerto. La manifestación se celebró en la prensa como el Motín del Té.

Capítulo 4 – El camino a la guerra

El Motín del Té conmocionó a los observadores en Gran Bretaña. Incluso los parlamentarios simpatizantes de las colonias, incluyendo Rockingham y Chatham, lo consideraron como un acto criminal vergonzoso. Lord North habló en nombre de sus colegas parlamentarios cuando declaró que los acontecimientos en América del Norte cambiaron la naturaleza del debate de tal manera que ya no era una disputa sobre los impuestos, sino sobre si la Corona británica podía comandar alguna autoridad en las Trece Colonias. En la primavera de 1774, el Parlamento aprobó una serie de medidas destinadas a castigar a Boston con el fin de evitar nuevas manifestaciones contra la autoridad británica. La legislación limitó los poderes de la legislatura de Massachusetts, pero la mayor restricción vino con la Ley del Puerto de Boston, que estipulaba el cierre del puerto de Boston al comercio hasta que la Compañía de las Indias Orientales fuera compensada por los bostonianos por la destrucción del té. La noticia de estas medidas llegó a las colonias en mayo, y pronto se refirieron a ellas como las Leyes Intolerables. Samuel Adams propuso que Boston suspendiera el comercio con Gran Bretaña y las Indias Occidentales Británicas, y animó al resto de las colonias a seguir su ejemplo. Mientras que muchos coloniales simpatizaban con la difícil situación de Boston y reconocieron que podrían sufrir el mismo tratamiento, la mayoría de los comerciantes colonos permanecieron a favor de mantener una relación comercial con los británicos.

En septiembre y octubre de 1774, representantes de doce colonias se reunieron en Filadelfia en el primer Congreso Continental en un esfuerzo por determinar una respuesta unida a las Leyes Intolerables. Las quejas seguían siendo las mismas de hace diez años, aunque la consigna de no tributación sin representación se había repetido tantas veces durante la década anterior que, a pesar de que fue muy disputada durante la crisis de la Ley de Sellos, fue aceptada a mediados de la década de 1770. Además, en este punto la opinión colonial estaba prácticamente unida para negar el derecho del Parlamento a establecer cualquier forma de legislación en las colonias. Sin embargo, a los delegados les resultó difícil ponerse de acuerdo sobre la naturaleza de la respuesta colonial conjunta a las Leyes Intolerables. La delegación de Massachusetts tomó la posición más radical, pidiendo el fin de todo el comercio con Gran Bretaña. Las colonias del Medio y del Sur estaban menos entusiasmadas, siendo muy conscientes del daño que haría a sus economías agrícolas. Después de mucha negociación, los delegados consintieron en un acuerdo sobre restricciones comerciales que se firmó el 20 de octubre. Los últimos días del Congreso se dedicaron a redactar peticiones al rey y direcciones al pueblo de Gran Bretaña. Los delegados decidieron no enviar una petición al Parlamento, creyendo que equivaldría a una admisión de autoridad parlamentaria sobre las colonias. Cuando los delegados cerraron el Congreso el 26 de octubre, acordaron reunirse de nuevo la primavera siguiente.

En Boston, el gobernador general británico Thomas Gage intentó hacer cumplir las Leyes Intolerables lo mejor que pudo. En octubre, disolvió la asamblea provincial de Massachusetts con el fin de imponer un gobierno directo en la colonia. La asamblea se negó a disolverse y se trasladó a Concord, a unas veinte millas al oeste de Boston, llamándose a sí mismo el Congreso Provisional. Bajo el liderazgo del rico comerciante John Hancock, el Congreso Provisional asumió los deberes de gobierno y tomó medidas para levantar una milicia. Confinado a Boston, Gage se enfrentó a una rebelión abierta. Con solo dos regimientos a su disposición, no se sintió seguro en su posición y pidió refuerzos de Londres. Al mismo tiempo, aconsejó al Parlamento que derogara las Leyes Intolerables para apaciguar la rebelión. Con el fin de consolidar su posición, dio órdenes de tomar armamento de ciudades vecinas en Massachusetts. Gage subestimó la determinación de los coloniales, y en respuesta, los milicianos marcharon en ayuda de Boston, esperando que Gage iniciara hostilidades contra el puerto. En el transcurso de la primavera de 1775, ambos bandos quedaron atrapados en una espiral de escalada, ya que cada acción defensiva llegó a ser considerada como una acción ofensiva por parte del bando contrario. El 14 de abril, Gage recibió instrucciones del conde de Dartmouth, el secretario colonial en el ministerio del Norte, para arrestar a los miembros del Congreso Provincial. Tanto Dartmouth como Gage sabían que esto llevaría a la guerra, pero Londres opinaba que era mejor enfrentarse a los colonos más pronto que tarde. Sin embargo, no se concedieron los refuerzos de 20.000 hombres que Gage solicitó. Los británicos creían que la victoria se conseguiría fácilmente.

Después de recibir la autorización de Londres para actuar contra el Congreso Provisional, Gage se dirigió hacia Concord. No pretendía arrestar a los líderes del Congreso Provisional, ya que la mayoría de ellos estaban escondidos, sino capturar armamentos para aumentar sus suministros, que eran limitados. Aunque el general británico hizo todo lo posible para ocultar sus preparativos, fueron observados por informantes simpatizantes del Congreso Provisional. El platero de Boston, Paul Revere, fue contratado como oficial de inteligencia para la milicia de Massachusetts. Durante la noche del 18 de abril de 1775, una vez que los británicos habían terminado sus preparativos y se estaban preparando para marchar a Concord, Revere se fue para advertir a los líderes del Congreso, Samuel Adams y John Hancock, que se escondían en la ciudad de Lexington al este de Concord. Revere nunca pronunció las palabras "¡Vienen los británicos!" que más tarde se le atribuyeron, ya que Revere y sus camaradas continuaron considerándose ciudadanos británicos. Aunque Revere fue interceptado por los regulares británicos en su camino a Concord, otros llegaron a Concord para advertir a la ciudad del inminente enfoque británico. Las unidades de la milicia de ambas ciudades fueron alertadas y esperaban órdenes de sus comandantes.

Los regulares británicos llegaron a Lexington a las cinco de la mañana del 19 de abril. Mientras sonaba el tambor, el capitán John Parker llamó a setenta hombres ordenados en dos filas en Lexington Green. Una columna de infantería ligera británica se acercó a la ciudad bajo el mando del mayor John Pitcairn. Aunque los milicianos eran considerablemente inferiores en número, el capitán Parker ordenó a sus hombres que se mantuvieran firmes. La resolución de Parker falló una vez que Pitcairn instó a la milicia a desarmarse y dispersarse. El comandante de la milicia ordenó a sus hombres que rompieran sus posiciones, aferrándose a sus mosquetes. Los oficiales británicos no estaban satisfechos por el fracaso de la milicia y repitieron sus instrucciones. Durante este tenso enfrentamiento, un disparo sonó. Es imposible estar seguro de si el "disparo escuchado alrededor del mundo" provenía de los regulares británicos o de la milicia estadounidense. Ambos lados más tarde culparon al otro, y casi seguro que fue accidental. En respuesta, uno de los oficiales subordinados de Pitcairn ordenó a los hombres disparar. Pitcairn trató de impedir que sus hombres dispararan, pero sus órdenes se perdieron en el caos y la confusión de la confrontación armada. Los británicos superaron fácilmente el fuego enemigo, matando a ocho milicianos e hiriendo a diez en el proceso. Después de haber eliminado el obstáculo, Pitcairn ordenó a sus hombres que se formaran en columnas mientras reanudaban su marcha hacia Concord.

El pueblo de Concord ya había sido alertado de los movimientos de los soldados británicos e hizo los preparativos para defender la ciudad. Milicianos de ciudades vecinas corrieron a su defensa. Las compañías de milicianos mostraron poca resistencia contra los regulares británicos que estaban ocupados en la búsqueda de municiones. En un descuido causaron un incendio en el tribunal. Los milicianos observaron el humo y tuvieron la impresión de que los británicos tenían la intención de incendiar la ciudad. Estaban decididos a atacar a los regulares en la ciudad y causar las primeras bajas en el ejército británico. En el transcurso del día, los combates tuvieron lugar a lo largo de un frente de veinticinco kilómetros. Las compañías milicianas dirigían su fuego contra los regulares británicos en su camino de regreso a Boston. Los milicianos gozaban de una ventaja numérica y tenían conocimiento del terreno local, pero estaban aquejados por su falta de disciplina. En el transcurso del día, los británicos tuvieron 273 bajas en comparación con las 95 de los estadounidenses. Esto se convertiría en el preludio de encuentros mucho más sangrientos entre los dos lados.

Las noticias sobre las batallas de Lexington y Concord se difundieron entre las colonias durante los días siguientes, aunque los relatos de la batalla variaron en su precisión. Aunque el conflicto fue pequeño en escala y en gran medida desencadenado por accidente, la importancia de las acciones de aquel día no pasó inadvertida entre los líderes políticos en las Trece Colonias. Hombres de Nueva Inglaterra acudieron a Boston para servir de refuerzo a los milicianos que habían participado en las acciones de Concord y Lexington. El 10 de mayo, una fuerza de milicianos de Nueva Inglaterra comandada por Benedict Arnold se apoderó del Fuerte Ticonderoga en Nueva York, perteneciente a la guarnición británica. Aunque el fuerte estaba deteriorado, era de gran importancia estratégica debido a su posición entre los ríos St. Lawrence y Hudson. Los nuevos ingleses temían que el control continuo británico del fuerte pudiera resultar en el corte de las comunicaciones entre los estados a ambos lados del río Hudson, permitiendo a los británicos derrotar a las Trece Colonias. El fuerte también fue el hogar de una gran cantidad de cañones que fueron transportados a Boston.

La primera gran batalla en la guerra se produjo en junio en Bunker Hill. Insatisfecho por el comando de Gage en Boston, Dartmouth envió a tres destacados generales para ayudarlo: William Howe, John Burgoyne y Henry Clinton. Su llegada hizo que los británicos tomaran medidas más activas al ocupar Dorchester Hill con vistas a Boston. En respuesta, los estadounidenses ocuparon y fortificaron tres colinas en la península de Charlestown al norte de Boston. Howe lideró el asalto principal en Bunker Hill y Breed's Hill. Esperando una fácil victoria sobre los coloniales, Howe ordenó a sus hombres avanzar lenta y metódicamente formados en filas en lugar de en columnas. Este costoso error táctico impidió el progreso de Howe, y sus hombres fueron recibidos con fuego desafiante desde las posiciones fortificadas. Aunque Howe finalmente tomó las colinas cuando los defensores se quedaron sin munición, el asalto les costó a los británicos 1.000 hombres, incluyendo al mayor Pitcairn, que había luchado en Lexington. Las bajas estadounidenses fueron menos de 300, pero los hombres asesinados incluyeron a Joseph Warren, un prominente líder político de Massachusetts que había sido comisionado como general de división en la milicia colonial.

Mientras las fuerzas británicas y Nueva Inglaterra participaban en la sangrienta lucha en Bunker Hill, los delegados del Segundo Congreso Continental se reunían en Filadelfia. El órgano se convocó el 10 de mayo, según lo estipulado por el Primer Congreso Continental siete meses antes. Tras el estallido de las hostilidades en Concord y Lexington, los delegados estuvieron de acuerdo en que se necesitaban más soldados para defender las colonias. George Washington, en representación de Virginia, llevaba su uniforme de miliciano cada día al congreso para recordar a los delegados los imperativos militares. Sin embargo, no hubo acuerdo entre los delegados sobre si su objetivo final era la reconciliación con el Imperio británico o la independencia. Los desacuerdos entre las colonias se exacerbaron cuando llegó la noticia de la captura del Fuerte Ticonderoga el 17 de mayo. El fuerte estaba ubicado en Nueva York, pero había sido capturado por hombres de Connecticut bajo Benedict Arnold y los Green Mountain Boys de Vermont, una fuerza de milicias encabezada por Ethan Allen, quien fue fundamental en el establecimiento de Vermont como una entidad política separada contra las aspiraciones de New Hampshire y Nueva York. Arnold y Allen no informaron a las autoridades de Nueva York antes del ataque. Nueva York no solo sentía que su soberanía territorial había sido violada por los nuevos ingleses, sino que las autoridades coloniales seguían siendo reacias a emprender acciones militares con los británicos. El Congreso hizo todo lo posible para ignorar estos conflictos entre colonias con el fin de acelerar los preparativos para la guerra. Se establecieron comités para obtener suministros militares, y el 14 de junio, el Congreso decidió establecer un Ejército Continental y reclutar hombres de todas las colonias para apoyar a los nuevos ingleses alrededor de Boston. Al día siguiente nombraron a George Washington comandante del Ejército Continental.

Mientras el Segundo Congreso Continental se reunía en Filadelfia, también se estaban celebrando debates políticos en Londres. Tanto el rey Jorge como el Parlamento parecen haberse sorprendido por la tenacidad y la resiliencia de los estadounidenses, a quienes los británicos esperaban derrotar fácilmente. El 26 de julio, cuando la noticia del compromiso en Bunker Hill se filtró a Londres, el Gabinete del Norte autorizó el envío de 2.000 hombres para reforzar el ejército en Boston e hizo provisiones de 20.000 hombres para la primavera siguiente. El estado de ánimo popular estaba firmemente a favor de la guerra, y tanto el rey como su primer ministro estaban en el apogeo de su popularidad. Cuando un emisario del Congreso Continental llegó en septiembre para presentar su petición de la

Rama de Olivo al rey, solicitando mediar entre Westminster y las colonias, el rey la rechazó sin dudarlo. El 26 de octubre, mientras el rey se dirigía a Westminster para la apertura del Parlamento, grandes multitudes se reunieron para mostrar su apoyo. En su discurso, George declaró que Estados Unidos estaba en rebelión y que su gobierno estaba decidido a acabar con la rebelión por la fuerza. En los debates parlamentarios que siguieron al discurso del rey, el apoyo a la política de norte no fue en absoluto unánime. En los Comunes, una serie de figuras prominentes, incluyendo John Wilkes, Edmund Burke y Charles James Fox calificaron la política del gobierno como injusta y advirtieron de que las fuerzas británicas estaban destinadas a ser derrotadas por los estadounidenses, que estaban decididos a luchar en defensa de sus derechos naturales. Los debates se extendieron durante toda la noche hasta las cuatro de la mañana, pero finalmente los Comunes votaron abrumadoramente a favor de la política del rey.

Capítulo 5 – David versus Goliat

Las decisiones políticas tomadas en Filadelfia y Londres a lo largo de 1775 transformaron los disturbios en Nueva Inglaterra en una guerra continental. La guerra de Independencia de los Estados Unidos también se extendería a Europa en los años siguientes. Antes de considerar los acontecimientos políticos y militares en América del Norte en el transcurso de la guerra, es importante echar un vistazo más de cerca a las fuerzas opuestas y su fuerza relativa, no solo en términos de números, sino también considerando factores tales como organización, logística, motivación y liderazgo. Estos factores son esenciales para entender la trayectoria de la guerra y su resultado final. Algunas de estas características ya eran evidentes durante las primeras etapas de la guerra en Lexington, Concord y Bunker Hill. Si bien ambas partes intentarían abordar sus deficiencias en el transcurso de la guerra con diversos grados de éxito, la mayoría de estos factores continuaron aplicándose a lo largo del conflicto.

Al comienzo de la guerra, la presencia militar británica en América del Norte contaba con poco más de un par de miles de hombres. Según los estándares europeos, el ejército permanente británico no era una gran fuerza. En 1775, contaba con unos 36.000 hombres en todo el mundo. El pequeño tamaño del ejército británico estaba motivado por la geografía y la política. Como Gran Bretaña era una nación insular, era una potencia naval en lugar de una potencia terrestre. En tiempos de paz, la Marina Real patrullaba los océanos para proteger los intereses coloniales británicos. En tiempos de guerra, la marina sirvió como los "muros de madera" que defendían a Gran Bretaña, mientras se embarca en agresivas empresas para apoderarse de las posesiones coloniales de los imperios rivales. Durante la guerra, los hombres eran reclutados para unirse al ejército, pero esto era algo provisional, y la mayoría de estos hombres eran desmovilizados en tiempos de paz. En el transcurso del conflicto, la presencia británica en América del Norte aumentó a unos 50.000 hombres en total. Reclutar y suministrar un ejército de este tamaño era caro, por lo que los británicos también se comprometieron con 30.000 mercenarios alemanes, en su mayoría del estado de Hesse. El ejército británico también fue apoyado por lugareños, que incluían 25.000 leales, que eran estadounidenses que apoyaban la causa británica en la guerra. En cualquier momento, los británicos y sus aliados podrían enviar a 70.000 hombres desde Canadá en el norte hasta Florida, en el sur.

Mientras que el gobierno británico estaba obligado a ampliar su pequeño ejército regular, Washington tuvo que construir su ejército continental desde cero. Al comienzo de la guerra, ascendió a una colección de unidades de milicias reclutadas en Nueva Inglaterra para defender Boston. El general británico John Burgoyne los despidió como una "chusma con armas". Cuando Washington tomó el mando de los hombres de Nueva Inglaterra, pudo contar con unos 15.000 hombres bajo su disposición. Y se vería reforzado con otros 10.000 hombres reclutados de Pensilvania, Maryland y Virginia por el Congreso Continental. Cuando el ejército se estableció en junio de 1775, nuevos reclutas sirvieron durante un año. Pocos hombres decidieron quedarse en las filas. Muchos simplemente empacaron sus maletas y se fueron a casa, a pesar de las súplicas de sus oficiales. El Congreso Continental levantó un nuevo ejército en 1776, pero en 1777 se enfrentó a la perspectiva de ser fuertemente superado en número cuando los británicos reforzaron sus fuerzas en América del Norte con los 30.000 mercenarios de Hesse. En respuesta, el Congreso Continental decidió extender los términos de servicio de los nuevos reclutas a tres años y mantener un ejército de 120 regimientos, alrededor de 90.000 hombres. Al final de la guerra, 200.000 hombres entraron en servicio en el Ejército Continental. El ejército fue apoyado por milicias que permanecieron bajo el control de colonias individuales.

La guerra de Independencia de los Estados Unidos es a menudo descrita como una guerra entre el altamente disciplinado ejército regular británico y una milicia estadounidense inexperta motivada por una causa gloriosa bajo el inspirado liderazgo de Washington. Esta caracterización fue cierta al comienzo de la guerra. Aunque pocos en número, los soldados británicos fueron altamente entrenados y disciplinados. Sus predecesores ganaron grandes victorias sobre el rey Luis XIV (1643-1715) de los ejércitos de Francia durante la guerra de sucesión española. Los británicos también lograron un gran éxito contra los franceses durante la guerra de los Siete Años, y muchos oficiales eran veteranos del conflicto que una vez más lucharon en Estados Unidos. En el reglamento de la guerra del siglo XVIII, el entrenamiento y la disciplina fueron cruciales para permitir a los ejércitos ejecutar complicadas maniobras tácticas y estratégicas para ganar victorias en el campo de batalla. Un ejército altamente entrenado podría coordinar su fuego para lograr el máximo impacto, antes de cargar en masa con la bayoneta contra las líneas enemigas con efecto devastador. Las fuerzas de Washington carecieron de la disciplina de los británicos, y en el transcurso de la guerra, el comandante estadounidense se esforzó en imponer orden a sus hombres. Era un aristócrata de Virginia y consideraba a los soldados de Nueva Inglaterra demasiado igualitarios. En Massachusetts, los oficiales fueron elegidos por rango y expediente, lo que impidió los esfuerzos para imponer el orden. Tan pronto como Washington llegó a Boston para asumir su mando, se aseguró personalmente de que el orden se mantuviera entre sus regimientos en el campamento. Esta tarea estaba generalmente reservada a los oficiales subalternos en los ejércitos europeos, pero el comandante estadounidense comenzó la guerra con pocos oficiales capaces bajo su mando.

Tanto los ejércitos británicos como los estadounidenses encontraron dificultades para abastecer a sus ejércitos. El gobierno británico puede haber tenido los recursos financieros para apoyar el esfuerzo de guerra a través de la emisión de deuda pública, pero su ejército estaba luchando a varios miles de kilómetros de casa. Para abastecer sus fuerzas en América del Norte, la Armada Real tuvo que transportar hombres y municiones sobre el Atlántico. Dado que los británicos gozaban de superioridad marítima y los estadounidenses no tenían una fuerza naval establecida, los británicos fueron capaces de abastecer sus ejércitos sin mucha dificultad durante los primeros años de la guerra. Al mismo tiempo, la Marina Británica podría imponer un bloqueo al comercio marítimo estadounidense. Una vez que Francia se unió a la guerra contra Gran Bretaña, sin embargo, la Marina francesa estaba en condiciones de proteger los puertos estadounidenses y amenazar a los convoyes británicos en el Atlántico, dejando a las fuerzas terrestres británicas más vulnerables. Los británicos podían contar con el apoyo de los leales en Estados Unidos para mantener sus ejércitos, pero a menudo operaban en territorio hostil y la dependencia de los leales se volvía más difícil con el tiempo a medida que la opinión pública cambiaba en favor de los revolucionarios.

Mientras que los problemas logísticos que enfrentaba el ejército británico aumentaron con el tiempo, la organización del Ejército Continental se hizo más efectiva durante la guerra. Cuando Washington asumió el mando, el ejército carecía de artículos de primera necesidad, incluyendo dinero, armamento, ropa y medicina. La economía colonial seguía siendo en gran medida agraria, por lo que la mayor parte de la pólvora fue conseguida de contrabando en Europa. Aunque la comida era abundante, los campamentos militares estaban llenos de enfermedades. La mala disciplina en el ejército iba acompañada de normas de limpieza deficientes, ya que los soldados no se lavaban la ropa ni sus utensilios de cocina, facilitando la propagación de enfermedades. La mayoría de los hombres no tenían uniformes y sus oficiales llevaban pocas marcas distintivas. Las armas de fuego empleadas por el Ejército Continental eran tan variadas como su ropa. A medida que se acercaba el invierno de 1775, Washington era muy consciente de que sus hombres carecían de las tiendas de campaña y las mantas para permanecer en el campo. Sin un gobierno central, las colonias carecieron de las capacidades logísticas para abastecer a un ejército de campo. Mientras que los delegados del Congreso Continental acordaron proporcionar suministros al Ejército Continental, las disputas entre las colonias sobre cuánto debería proporcionar cada una obstaculizó el progreso. Washington conocía mejor que nadie las dificultades para solicitar suministros al Congreso. Sabía que era esencial que las colonias dejaran a un lado sus diferencias para apoyar el esfuerzo bélico. Con el tiempo, las colonias lograron cooperar más eficazmente a través del Congreso para mantener y apoyar al Ejército Continental, pero durante las primeras etapas de la guerra, Washington fue muy consciente de que su ejército, que estaba mal equipado y era indisciplinado, podría desintegrarse en cualquier momento.

Una de las principales ventajas de las fuerzas de Washington estaba en la motivación y el compromiso con una causa política. El ejército británico era como cualquier otro ejército europeo en ese momento. Sus objetivos no eran nacionales, sino dinásticos. El ejército británico luchó en América del Norte en un esfuerzo por mantener el dominio del rey Jorge sobre las Trece Colonias. El ejército estaba comandado por una clase de oficiales aristocráticos con una tradición de servicio al rey y en busca de gloria militar, pero el rango y el archivo provenían de las clases más bajas de la sociedad y por lo general eran forzados al servicio militar. Para estos hombres, incluso si se consideraban súbditos leales al rey, no estaban luchando por sus hogares, sino por objetivos políticos abstractos. En el transcurso de la guerra, algunos soldados británicos se dieron cuenta de que no tenía sentido luchar y cruzarían la línea del frente para unirse a los estadounidenses, aunque también hubo cierto tráfico en la dirección opuesta en las etapas iniciales de la guerra, cuando el Ejército Continental frecuentemente se encontraba en situaciones desesperadas. A diferencia de los regulares británicos, el ejército de Washington tenía una clara idea de por qué estaba luchando. Los hombres bajo su mando eran voluntarios, por lo general agricultores y comerciantes. Estaban comprometidos con la defensa de sus hogares y sus antiguos derechos, y comprometidos con la gloriosa causa que había unido a todas las colonias para luchar contra la tiranía británica. La suya era una guerra necesaria por la autodefensa más que por las ambiciones imperialistas.

Otro aspecto crucial de la guerra fue el liderazgo militar. Los generales británicos eran experimentados y gozaron de reputación como líderes militares exitosos durante la guerra de los Siete Años. En el transcurso de la guerra, los británicos emplearon a cuatro comandantes en jefe diferentes: Thomas Gage fue reemplazado por William Howe en octubre de 1775, quien dio paso a Sir Henry Clinton en 1778. Clinton fue reemplazado a su vez por Guy Carleton en 1782, quien recibió la tarea de evacuar a los hombres y suministros de América del Norte. Los comandantes británicos dependían de las órdenes de Londres, que podrían tardar más de un mes en llegar. Todos estos comandantes, entrenados en la guerra europea convencional, subestimaron la determinación de los estadounidenses y no se adaptaron a las formas irregulares de guerra empleadas por los hombres de Washington. Los comandantes en jefe se vieron además entorpecidos por las malas relaciones con sus generales subordinados y almirantes en la Armada Real, y los frecuentes desacuerdos sobre la estrategia obstaculizaron el enjuiciamiento efectivo de la guerra. Los generales británicos tendían a moverse con cautela para mantener sus líneas de comunicación y suministro, a pesar de que un golpe decisivo en las primeras etapas de la guerra podría haber destruido al Ejército Continental. Los británicos también se enfrentaron al dilema perenne encontrado por las potencias imperiales que buscaban pacificar las rebeliones en sus imperios. Dado que pretendían restaurar el dominio británico sobre las Trece Colonias, el ejército británico tuvo que asegurarse de no enfurecer a las poblaciones locales, ya que sería imposible reimponer el gobierno directo entre una población hostil incluso si Washington era derrotado.

En contraste con las prominentes figuras militares que comandaban el ejército británico en Estados Unidos, el único general estadounidense de renombre fue el comandante en jefe, George Washington. Washington había tenido éxito durante la guerra de los Siete Años y demostró ser un oficial valiente. Sin embargo, tenía poca experiencia al mando de grandes cuerpos de hombres, la unidad más grande que comandaba era un regimiento de menos de mil hombres. Por suerte su experiencia al mando de la milicia de Virginia durante la guerra le hizo ver la necesidad de imponer el orden en el ejército y asegurar que sus hombres estuvieran bien abastecidos. Washington entró en la Casa de Burgueses de Virginia y comprendió los problemas políticos en juego. Sabía que sus hombres no necesitaban ningún estímulo para enfrentarse al enemigo, y efectivamente empleaba unidades irregulares para distraer al enemigo y ayudarlo a alcanzar mayores objetivos estratégicos. Reconoció que su ejército estaba en peligro de desintegración en cualquier momento y tomó todas las medidas para asegurar que su ejército pudiera vivir para luchar otro día. Prefirió retirarse en lugar de arriesgar a su ejército contra todo pronóstico, persiguiendo una llamada estrategia Fabián.

Washington no era de ninguna manera el único general talentoso en el Ejército Continental. Nathanael Greene, que tenía 33 años al comienzo de la guerra, contaba solo con seis meses de experiencia militar cuando fue nombrado para el rango de general de brigada. Su comprensión estratégica y su compromiso con la causa estadounidense pronto le valió el ascenso a general de división en

1776. Henry Knox, que tenía 25 años en 1775, fue un hábil artillero que logró llevar las armas de Ticonderoga a Boston en el invierno de 1775. Más tarde se convertiría en el comandante de artillería en el Ejército Continental y jugaría un papel crucial en el asedio decisivo de Yorktown. Los generales británicos a menudo avanzan a través de las filas a través de la edad y favores al rey. Mientras que las conexiones también importaban en el Ejército Continental, oficiales estadounidenses con talento fueron a menudo promovidos a rangos superiores por los éxitos que lograron en el campo de batalla.

Capítulo 6 – Independencia

Cuando el Segundo Congreso Continental se reunió en la primavera de 1775, la mayoría de los delegados apoyaron la reconciliación con los británicos. La creciente intensidad del conflicto a lo largo del año fortaleció el deseo de independencia. Las decisiones tomadas por el Parlamento de declarar a Estados Unidos en rebelión también llevaron a muchos a concluir que la reconciliación era imposible. A pesar de su lealtad profesada al rey, los delegados del Congreso Continental y los oficiales del Ejército Continental fueron identificados como traidores al rey, y sus perspectivas en caso de reconciliación con Gran Bretaña habrían sido negativas.

A pesar de estos acontecimientos, el Congreso se abstuvo de declarar la independencia a principios de 1776. La opinión popular de las Trece Colonias se dividió. Cuando comenzó la guerra, alrededor de un tercio del pueblo estadounidense eran patriotas que apoyaban la causa revolucionaria. Otro tercio eran los leales que se identificaban con sus amos coloniales británicos. El tercio restante eran moderados, de modo que no tenían opiniones políticas fuertes y estaban principalmente preocupados por sus intereses personales. Al comienzo de la guerra, este grupo favoreció la reconciliación con los británicos y la preservación del orden existente, pero con el paso del tiempo, reconocieron la creciente brutalidad de las tropas británicas y entendieron que los británicos estaban buscando una retribución de Estados Unidos.

La causa de la independencia fue avanzada en el tribunal de la opinión pública por la publicación *Sentido común,* de Thomas Paine. Paine era un inglés que solo había estado en Estados Unidos por poco más de un año, y no era un portavoz natural de la causa de la independencia estadounidense. Después de repetidos fracasos en varios oficios en Inglaterra, Paine cruzó el Atlántico por recomendación de Benjamin Franklin a finales de 1774, y pronto se encontró escribiendo artículos de prensa en periódicos de Pensilvania. En *Sentido común,* publicado en enero de 1776, Paine atacó la constitución británica por ser un vehículo para la tiranía. Argumentó que la institución de la monarquía contravenía tanto los derechos naturales como las enseñanzas cristianas. En un pasaje memorable que criticaba el principio de sucesión hereditaria que gobernaba la mayoría de las políticas europeas de la época, Paine comentó que la naturaleza lo desaprobaba, de lo contrario no se convertiría con tanta frecuencia en un objeto de ridículo. Sobre la base de estos preceptos, los estadounidenses no deberían tener como objetivo restaurar las libertades antiguas que disfrutaban bajo la constitución británica, sino que debían declarar la independencia y establecer una política basada en los derechos naturales. Algunos de estos argumentos se habían expresado en debates anteriores, pero nadie lo expresó con la elocuencia y el ingenio de Thomas Paine. En pocos meses, más de 100.000 ejemplares de *Sentido común* aparecieron en todas las colonias. A través de su escritura, Paine promovió la cuestión de la independencia hasta la cima de la agenda política.

La publicación envalentonó a los defensores de la independencia en el Congreso Continental. La independencia no solo alentaría al Ejército Continental a estar detrás de una gran causa, sino que también permitiría a los estadounidenses entrar en alianzas con estados extranjeros. En abril, las legislaturas coloniales de las Trece

Colonias autorizaron a sus delegados en el Congreso a buscar una confederación que los reuniera y rompiera las relaciones con la Corona Británica. Los delegados más radicales proindependientes incluyeron a los primos Samuel y John Adams de Massachusetts, y los hermanos Francis Lee y Richard Henry Lee de Virginia. El 6 de junio de 1776, Richard Henry Lee presentó una resolución que proponía la disolución de las relaciones entre las colonias unidas y la Corona Británica. La resolución también alentaba que el Congreso buscara medidas para asegurar la asistencia extranjera y formar una confederación entre las colonias. Cuando la propuesta fue debatida por el Congreso, Nueva Inglaterra y Virginia estaban a favor de la independencia, mientras que las colonias medias indicaron que no era el momento adecuado, aunque apoyarían la independencia una vez que el pueblo lo exigiera. El Congreso optó por posponer los debates al 1 de julio y nombró comités para considerar las propuestas de independencia, alianzas extranjeras y una confederación.

El comité de cinco hombres encargado de preparar una declaración de independencia incluía a Benjamin Franklin y John Adams, pero el documento fue redactado principalmente por Thomas Jefferson, que tenía 33 años. Jefferson era un hombre de Virginia, emparentado por línea materna con la familia Randolph, una de las más prominentes en Virginia. El primo de su madre, Peyton Randolph, sirvió como el primer presidente del Congreso Continental antes de su muerte en octubre de 1775. Cuando era joven, Jefferson demostró ser un excelente estudiante con una afinidad particular por el griego y el latín. Se graduó de William and Mary College en 1762 antes de embarcarse en la carrera de abogado. En 1769, fue elegido para la Cámara de Burgueses. En 1774, Jefferson escribió *Un resumen de los derechos de la América británica* en respuesta a las Leyes Intolerables. Argumentó que el pueblo de América tenía el derecho de gobernarse a sí mismo y que las Trece Colonias eran independientes del dominio británico desde la fundación de las colonias individuales. El tratado de Jefferson fue debatido en el Primer Congreso Continental, y él mismo fue elegido para participar en el Segundo Congreso Continental en mayo de 1775.

Jefferson completó su borrador de la Declaración de Independencia el 28 de junio, y el documento fue ligeramente enmendado por Adams y Franklin. El 1 de julio, el Congreso votó sobre la cuestión de la independencia. Nueve colonias votaron a favor, Pensilvania y Carolina del Sur votaron en contra, la delegación de Delaware estuvo dividida, y Nueva York aún no estaba autorizada por su legislatura colonial para votar sobre la cuestión. Al día siguiente, el Congreso celebró otra votación en la que Pensilvania, Carolina del Sur y Delaware votaron a favor de la independencia, y solo Nueva York no se comprometió. Después de la votación histórica, John Adams escribió que el 2 de julio sería reconocido por las generaciones futuras como el día en que Estados Unidos se liberó del Imperio británico. De hecho, la Declaración de Independencia no se aprobaría hasta el 4 de julio, después de que se analizara línea por línea y se aprobara después de muchas enmiendas que desnaturalizaron algunas de las denuncias más radicales de Jefferson. Ese día, el 4 de julio, se celebró el Día de la Independencia en los Estados Unidos de América.

En su introducción, la Declaración de Independencia estableció las Trece Colonias como los Estados Unidos de América. En su famoso preámbulo, Jefferson declaró el credo de la nueva nación: "Sostenemos como evidentes en sí mismas estas verdades: que todos los hombres son creados iguales, que son dotados por su Creador con ciertos derechos inalienables, que entre ellos están la vida, la libertad y la búsqueda de la felicidad". Aunque la igualdad de los hombres era sin duda una doctrina revolucionaria para la época, tanto las mujeres como los esclavos no fueron incluidos en el fraseo de Jefferson. El preámbulo sigue demostrando que la revolución es permisible cuando un gobierno tiránico daña los derechos naturales y dados por el dios del pueblo. Gran parte del documento está dedicado a esbozar una lista de las injusticias tiránicas del rey Jorge, incluyendo la supresión de los órganos legislativos coloniales, la imposición sin consentimiento y el uso de la fuerza armada en Estados Unidos. Tales injusticias hicieron que el rey "no fuera apto para ser el gobernante de un pueblo libre". Este argumento se inspiró en el concepto del filósofo liberal de John Locke del contrato social entre un monarca y sus súbditos. Se dijo que un monarca tiránico había roto el contrato social y, por lo tanto, se le privó de legitimidad política. La Declaración continúa con una denuncia del gobierno británico en su insistencia en imponer autoridad parlamentaria en las Trece Colonias, y concluye con una declaración que dice que las Trece Colonias son estados libres e independientes "absueltos de toda lealtad a la Corona Británica" y por lo tanto tienen la autoridad para hacer la guerra y la paz, y regular el comercio a la manera de otros estados independientes. La Declaración fue firmada por 56 hombres, aunque algunos de ellos no estuvieron presentes el 4 de julio y añadieron sus firmas en fechas posteriores, cuando los delegados de Nueva York fueron finalmente autorizados a votar a favor de la independencia.

La publicación de la Declaración de Independencia el 7 de julio tuvo un efecto estimulador tanto en el pueblo como en el ejército de los recién establecidos Estados Unidos de América. Las imprentas trabajaron incesantemente para distribuir copias del documento en todo el país. Las celebraciones espontáneas estallaron el 6 de julio, cuando el Ejército Continental se enteró por primera vez de la votación decisiva a favor de la independencia cuatro días antes. El 9 de julio, Washington dio órdenes para que la Declaración fuera leída en voz alta a filas de soldados reunidos en terrenos de desfile. Al declarar la independencia, el Congreso Continental había cometido traición contra su rey. El precio de la derrota y la rendición sería tan grande que no podría haber vuelta atrás. El ejército de Washington ya no luchaba por sus derechos como ingleses, sino por una nueva nación fundada en los principios de libertad e igualdad. Después de las lecturas formales del 9 de julio, los soldados y la gente del pueblo expresaron su entusiasmo derribando una estatua ecuestre de Jorge III. Luego cortaron la cabeza y la colocaron en un pico. No todas las personas apoyaron la independencia, pero quienes la rechazaron se encontraron en una minoría.

Una vez que los estadounidenses declararon la independencia de Gran Bretaña, tuvieron que demostrar que podían funcionar eficazmente como una entidad independiente. Los Estados Unidos de América fueron un experimento político, y de ninguna manera estaba asegurado su éxito. Estados Unidos era una unión de trece estados, cada uno de los cuales tenía nuevos gobiernos e instituciones políticas propias. Con el fin de apoyar al Ejército Continental y hacer tratados de alianza contra el Imperio británico, Estados Unidos necesitaban una autoridad política central. Como colonias británicas, las relaciones entre estados se definían por un sentido de desconfianza mutua, especialmente cuando las reivindicaciones territoriales se superponían. La lucha con Gran Bretaña permitió a los estadounidenses descubrir que tenían más en común de lo que pensaban inicialmente, pero las diferencias en el carácter socioeconómico de los estados contribuyeron a las diferencias políticas. Incluso cuando los delegados en el Congreso llegaron a un acuerdo sobre medidas como el boicot del comercio británico en 1774, estas medidas tendrían que ser aplicadas por las autoridades locales y coloniales.

La tarea de redactar un plan de unión fue confiada a John Dickinson, quien presidió el comité del Congreso investigando la cuestión. Dickinson, que era delegado de Pensilvania, se había opuesto a declarar la independencia antes de que se pudiera establecer tal unión, creyendo que se corría el riesgo de que estallara conflicto entre las colonias. Los artículos de la Confederación y la Unión Perpetua redactados por Dickinson tenían como objetivo equilibrar los intereses de los Estados individuales con la necesidad de una cooperación de alto nivel para apoyar la guerra contra los británicos. La parte principal del documento consistía en trece artículos que afirmaban la soberanía de los estados y detallaban sus obligaciones con la Unión. Cada estado, dependiendo de la población, elegiría de dos a siete delegados para el Congreso de la Confederación, pero cada estado tendría un voto y por lo tanto a cada estado, grande o pequeño, se le daría una voz igual. Cualquier decisión necesitaría nueve votos para llegar a un acuerdo, y cualquier cambio en los artículos necesitaría que todos los estados aceptaran. El jefe del estado sería un presidente, que se limitaría a servir un año en cada período de tres años en el Congreso. La mayoría de las funciones del Congreso se establecieron en el artículo IX del documento. Entre las funciones otorgadas al Congreso estaba el derecho a declarar la guerra y la paz y realizar acuerdos diplomáticos, fijar pesos y medidas, y regular los puestos y las fuerzas armadas. El Congreso no podía fijar impuestos ni reclutar personas en el ejército, pero determinaría cuánto tenía que aportar cada estado al tesoro común y cuántos hombres estaban obligados a enviar al Ejército Continental.

El plan de Dickinson fue presentado al Congreso Continental el 12 de julio, pero el asunto de una unión entre los estados fue tan polémico que el Congreso continuaría debatiendo el tema durante más de un año. Estos debates giraron en torno a tres cuestiones clave: la división de poderes entre los estados y la confederación, la representación de los estados en el Congreso y las contribuciones de los estados a la Unión. Además, varios estados que esperaban expandir sus propios territorios y promover sus intereses económicos hicieron afirmaciones sobre las tierras occidentales. Maryland estaba dispuesto a asegurarse de que todos los estados cederían sus reivindicaciones a los territorios occidentales a la Unión, y se resistió a la ratificación a pesar de que los otros doce estados lo habían hecho en febrero de 1779. Maryland finalmente ratificó los artículos en febrero de 1781, y en marzo fueron proclamados como la Ley de los Estados Unidos. Incluso antes de la ratificación del documento por todos los estados, los artículos de la Confederación sirvieron como marco de cooperación entre los estados individuales. El Segundo Congreso Continental continuó reuniéndose para coordinar el esfuerzo bélico, a pesar de las diferencias políticas entre los estados. El apoyo del Congreso fue necesario para que Washington siguiera luchando en la guerra, ya que el Ejército Continental estaba luchando por su supervivencia.

Capítulo 7 – Washington contra las cuerdas

Los acontecimientos militares durante el primer semestre de 1776 fueron positivos para el Ejército Continental. Después de un intento desafortunado de invadir Canadá a finales de 1775, Washington decidió asediar Boston. Aunque los estadounidenses superaban en número a los británicos, los soldados que estaban en la defensa se encontraban detrás de líneas bien fortificadas y recibiendo suministros constantes de la marina a través del puerto de Boston. Durante el invierno de 1775, el coronel Henry Knox transportó con éxito cincuenta y seis cañones desde el Fuerte Ticonderoga a las afueras de Boston en un viaje de casi 300 millas a través de ríos congelados. Knox supervisó personalmente la misión y no perdió ni una sola arma. Consiguió llevar las armas al campamento de asedio a las afueras de Boston a finales de enero de 1776. Por esta operación milagrosa, Washington inmediatamente nombró a Knox comandante de la artillería en el Ejército Continental. Fortalecido con estas armas adicionales, Washington esperaba lanzar inmediatamente un asalto a las líneas británicas, pero fue anulado por sus subordinados. En cambio, el consejo de guerra de Washington adoptó un plan para ocupar las alturas de Dorchester y atraer al ejército del general Howe fuera de sus fortificaciones. Los hombres de Washington ocuparon con éxito la cima durante la noche del 4 de marzo. Las armas de Ticonderoga ahora podrían ser usadas contra la flota británica en el puerto de Boston, lo que hacía previsible la retirada de Howe. El intenso bombardeo obligó a Howe a retirarse de Boston y navegar a Halifax, Nueva Escocia, el 17 de marzo.

Aunque los británicos se habían retirado a Canadá para reorganizar sus fuerzas, Washington sabía que Howe acabaría moviéndose a Nueva York, una ciudad de vital importancia estratégica. Si los británicos ocuparan Nueva York y controlaran el río Hudson, Estados Unidos se dividiría en dos, y Howe podría concentrar sus fuerzas para conquistar y someter cada zona. Con estas consideraciones en mente, después de que Boston estuviera firmemente en manos estadounidenses, Washington lideró un ejército de 18.000 hombres a Nueva York y llegó a principios de abril, estableciendo su sede al final de Broadway. Podía ver que a diferencia de en Boston, allí los patriotas estaban en desventaja política y estratégica. Mientras que la mayoría de los bostonianos apoyaron ansiosamente la revolución, sobre todo porque su ciudad fue dirigida específicamente por el Parlamento, los neoyorquinos estaban más inclinados a permanecer leales a la Corona británica. Además, con el control británico de los mares, los americanos no serían capaces de aferrarse a la ciudad por mucho tiempo. Sin embargo, existía un imperativo político por el que el Ejército Continental debía defenderse en Nueva York, demostrando a los patriotas que su ciudad no sería abandonada sin luchar. Washington ordenó que se construyeran fortificaciones en el barrio de Brooklyn Heights con vistas a Long Island, al sur de la ciudad.

A finales de junio, los barcos británicos comenzaron a llegar a Staten Island comandados por el almirante lord Richard Howe, hermano del general Howe. El propio general Howe aterrizó el 2 de julio de 1776, el mismo día que el Congreso Continental votó a favor de declarar la independencia. Aunque la noticia de la decisión revitalizó al ejército de Washington, los estadounidenses permanecieron en posición defensiva. Los 120 cañones que Knox había instalado en las orillas del Hudson no hicieron nada para impedir que el buque insignia del almirante Howe, el *HMS Eagle*, entrara en Nueva York con toda su majestuosidad. Howes había sido nombrado comisionado de paz por el Parlamento y debía establecer conversaciones con Washington. Pero su negativa a dirigirse a Washington por su título de general acabó frustrando estos encuentros hasta en dos ocasiones. Finalmente, el 20 julio, el general Washington se reunió con los británicos. Ambas partes sabían que no era realista esperar un resultado pacífico, pero también creían que valía la pena intentarlo por razones políticas. Washington se negó a considerar cualquier indulto del rey al insistir en que los estadounidenses no habían cometido ningún error en la defensa de sus libertades. cuando las formalidades terminaron, ambas partes se prepararon para la guerra. Howe tenía 32.000 hombres bajo su mando, incluyendo un gran contingente de mercenarios hessianos. Washington no tenía indicios de la dirección del ataque, y a pesar de ser superado en número, decidió dividir sus fuerzas entre Brooklyn y Manhattan, lo que resultó ser un grave error táctico. El asalto comenzó el 23 de agosto y alcanzó su clímax el 27 de agosto. Los británicos lanzaron un ataque contra el barrio de Brooklyn Heights mientras una fuerza hessiana flanqueó las líneas estadounidenses y atacó desde la retaguardia. En la confusión, algunos de los hombres de Washington se retiraron, mientras que los hombres restantes lucharon valientemente. Los intentos de Washington de restablecer el orden fueron en vano. La batalla de Brooklyn había sido una derrota desastrosa para el Ejército Continental, que sufrió la baja de 1.500 hombres.

Washington sabía que tenía que abandonar los Heights, pero cualquier intento de retirar a sus hombres a Manhattan a plena luz del día equivaldría a una misión suicida. En su lugar, ordenó a sus hombres que requisaran cualquier barco que pudieran conseguir para prepararse para una evacuación por la noche. En la noche del 29 de agosto comenzó la evacuación. Aunque al amanecer no todos los estadounidenses habían salido de Brooklyn, una densa niebla continuó protegiendo su retirada. En el campo británico se respiraba una sensación de alivio al saber que los estadounidenses habían evacuado sus posiciones voluntariamente, y Howe decidió consolidar su posición. Si hubiera llevado a cabo la persecución, podría haber traído la ruina al ejército de Washington y a toda la causa estadounidense. A pesar de perder a muchos hombres por deserción después de la derrota en Brooklyn, Washington se mantuvo firme para seguir peleando. Los continentales lucharon contra una serie de acciones de retaguardia a lo largo del río Hudson, retirándose a cada paso mientras sufrían e infligían bajas en el camino.

La campaña de Nueva York había sido un desastre y el Congreso decidió recaudar 80.000 hombres más para el Ejército Continental. Pero Washington no tenía tiempo para esperar su llegada. Su ejército de 3.500 hombres se retiró a Nueva Jersey en previsión de un ataque a Filadelfia. Thomas Paine, en una serie de panfletos titulados *La crisis americana*, describió el estado de ánimo de los patriotas con la famosa línea de apertura, "Estos son los tiempos que prueban el alma de los hombres". A finales de noviembre, Washington cruzó el río Delaware para llegar Pensilvania, donde había una relativa seguridad. En este punto, Howe decidió detener su persecución, conservando una guarnición de 1.500 mercenarios hessianos en Trenton a través del Delaware. Después de recibir refuerzos, Washington solo podía contar con 6.000 hombres aptos para el servicio. Sin embargo, decidió contraatacar. En la mañana del 26 de diciembre, justo después de Navidad, Washington cruzó el Delaware y sorprendió a la guarnición hessianos, ganando una importante victoria y capturando a 1.000 prisioneros. Los estadounidenses siguieron esta victoria derrotando a la guarnición británica en Princeton antes de ocupar cuarteles de invierno a principios de 1777. En seis meses, Washington había renunciado a Nueva York, que permaneció en manos británicas hasta el final de la guerra, pero consiguió Nueva Jersey, conservó su ejército, y pudo permitirse el lujo de celebrar algunos éxitos al final del año, algo que restauró la esperanza entre los patriotas de que la guerra podría ganarse.

A pesar de los éxitos a finales de 1776, el Ejército Continental permaneció a la defensiva. El objetivo clave era la defensa de Pensilvania y Filadelfia, la capital de facto de Estados Unidos. De hecho, en diciembre de 1776, el Congreso Continental ya había sido evacuado a Baltimore, Maryland, para buscar mayor seguridad. Una vez que Washington impidió con éxito que Howe entrara en Pensilvania, el Congreso regresó a Filadelfia en marzo de 1777. Howe creía que el objetivo estratégico clave era destruir el ejército de Washington, y en primavera intentó en vano atraer a Washington a una batalla abierta en Nueva Jersey. Con Washington reacio a caer en su trampa, Howe regresó a Nueva York antes de zarpar a mediados de agosto. Washington adivinó que Howe intentaría llevar una fuerza al río Delaware y atacar Filadelfia. Pero aterrizó en primer lugar en Chesapeake en Maryland antes de marchar hacia el norte. El Ejército Continental se trasladó para interceptar la marcha británica a Filadelfia estableciendo el cuartel general en Wilmington, Delaware. Los dos ejércitos se enfrentaron en Brandywine Creek el 11 de septiembre, donde el ejército de Washington fue una vez más flanqueado por Howe. Aunque el Ejército Continental luchó con mayor tenacidad que en Brooklyn un año antes, al final del cuerpo a cuerpo sangriento, se retiraron.

Una vez más, los británicos habían obtenido una victoria significativa sobre los estadounidenses, pero una vez más Washington logró evitar que su ejército se desintegrarse. Hubo semanas de maniobras durante las cuales el Ejército Continental trató de mantenerse entre Howe y Filadelfia. Mientras Washington desplazaba su ejército a izquierda y derecha para cubrir los movimientos de Howe, parte de su ejército estacionado en Paoli, a unas veinte millas al noroeste de Filadelfia, fue sorprendido por los británicos durante la noche y 300 continentales fueron asesinados por bayonetas británicas. La masacre de Paoli llevó a Washington a ser más cuidadoso en sus maniobras, pero esto le permitió a Howe entrar en Filadelfia el 26 de septiembre y a establecer finalmente locales temporales en York, a cien millas al oeste de Filadelfia. Si bien se trataba de un importante revés, el ejército de Washington permaneció intacto, y el comandante estadounidense tenía la intención de retomar la ciudad lo antes posible. El 4 de octubre el ejército de Howe atacó en Germantown, a unas cinco millas al noroeste de Filadelfia. Washington envió cuatro fuerzas a lo largo de cuatro carreteras separadas que convergieron en Germantown y encontraron a Howe desprevenido. Aunque el plan estadounidense parecía impresionante en el papel, las fuerzas no coordinaron sus ataques de manera efectiva. El hecho de que el campo de batalla estuviera cubierto de niebla dio lugar a dos de las columnas americanas disparándose unas a otras antes de que descubrieran su error. Los británicos aprovecharon la confusión en las filas estadounidenses y lanzaron un contraataque exitoso. La derrota del Ejército Continental en Germantown impediría que los estadounidenses recuperaran Filadelfia hasta el año siguiente. Washington llevó a su ejército de 12.000 hombres a los cuarteles de invierno en Valley Forge, 20 millas al noroeste de Filadelfia para reorganizar su ejército.

Mientras que el principal ejército de Washington sufrió la derrota en Pensilvania, las fuerzas estadounidenses en el norte del estado de Nueva York disfrutaron de un mayor éxito. Con la ciudad de Nueva York en manos británicas, los británicos podrían tomar el control del valle del río Hudson y separar Nueva Inglaterra del resto de Estados Unidos. Este fue el plan formulado por el general John Burgoyne y adoptado por el gobierno británico en la primavera de 1777. Burgoyne se trasladaría al sur de Canadá al norte del estado de Nueva York, mientras que una segunda fuerza bajo el mando del general Barry St. Leger se desplazaría hacia el este desde Ontario. Burgoyne también contó con Howe para distraer a los continentales en Nueva

Inglaterra. Las tres fuerzas se reunieron en Albany, ya fuera para destruir el ejército de Washington o para dividir los Estados Unidos en dos. El 1 de julio, Burgoyne recuperó con éxito el Fuerte Ticonderoga con 8.000 hombres, y continuó hacia Albany, enfrentándose a un número creciente de tropas estadounidenses en el camino que habían sido enviadas como refuerzos del ejército de Washington. Burgoyne había esperado la ayuda de Howe, pero el general de alto rango centró su atención en Filadelfia, dejando a Burgoyne dependiendo de St. Leger para recibir apoyo. A principios de agosto, St. Leger estaba sitiando el Fuerte Stanwix en el río Mohawk, a cien millas al oeste de Albany en el norte del estado de Nueva York. Dos columnas de socorro estadounidenses se apresuraron a levantar el asedio, y la llegada de la segunda bajo Benedict Arnold acabó con la retirada británica. St. Leger esperaba reunirse con el ejército de Burgoyne a través de Canadá, pero Burgoyne se vio obligado a continuar a Albany por su cuenta.

Estratégicamente aislado, Burgoyne envió a su ejército a una batalla contra una fuerza de 9.000 estadounidenses bajo el mando del general Horatio Gates, quien sirvió como comandante del Ejército Continental en el sector norte. El ejército de Gates tomó una posición en Bemis Heights, a unas diez millas al sur de Saratoga. El puesto fue fortificado por Tadeusz Kosciuszko, un hábil ingeniero militar polaco. El 19 de septiembre, el ejército de Burgoyne atacó el flanco izquierdo de Gates en Freeman's Farm, obligando al enemigo a retroceder. Una unidad de 500 fusileros bajo el mando del coronel Daniel Morgan atacó a los oficiales del ejército británico e infligió importantes bajas. Burgoyne continuaría su ataque el 7 de octubre, pero en este punto el Ejército Continental era más del doble del tamaño del contingente británico. Una vez más, los fusileros de Morgan causaron un gran daño a los británicos, y el propio Burgoyne casi fue asesinado por los tiradores. El fuego preciso de los continentales rompió el espíritu de los atacantes británicos, que se retiraron a sus líneas. Aprovechando la oportunidad, Benedict Arnold lideró a sus hombres de Nueva

Inglaterra en un ataque no autorizado contra los británicos, que estaban en retirada, y aseguró una famosa victoria. Burgoyne y su ejército se rendirían el 17 de octubre. El general británico regresó a su casa deshonrado y su ejército permanecería en cautiverio hasta el final de la guerra. Mientras tanto, Gates fue celebrado como el vencedor de Saratoga, y algunos sectores del Ejército Continental creyeron que debía reemplazar a Washington como comandante en jefe.

Capítulo 8 – La dimensión internacional

A finales de 1777, la guerra de Independencia de Estados Unidos asumió una dimensión internacional. Gran Bretaña y Francia continuaron participando en su lucha por la hegemonía global que abarcó todo el siglo XVIII. A medida que estallaron las hostilidades entre los británicos y los estadounidenses, Francia trató de aprovecharse de la vulnerabilidad de Gran Bretaña y vengarse por su derrota durante la guerra de los Siete Años. Los revolucionarios estadounidenses estaban dispuestos a establecer una alianza con Francia tras el estallido de la guerra en Lexington y Concord, y enviaron varios agentes a París para negociar un tratado de alianza con Francia. En marzo de 1776, el Congreso envió a Silas Deane, de Connecticut, a París en una misión secreta para negociar con el ministro de Relaciones Exteriores francés, el Conde de Vergennes. En diciembre, se unió a Benjamin Franklin y Arthur Lee, ahora en calidad oficial de delegado diplomático estadounidense en Francia. John Adams se uniría al trío en marzo siguiente. A pesar de estas ilustres personalidades que representaban la causa estadounidense, los franceses se mostraron reacios a entrar formalmente en la guerra. Después de todo, el rey Luis XVI (1774-91) de Francia fue un monarca coronado para no permitir una revolución republicana. Los franceses también estaban preocupados por si el Ejército Continental podía sostener la guerra. Si Washington fuera derrotado, Francia se encontraría sola contra Gran Bretaña, permitiendo a los británicos concentrar sus fuerzas armadas contra las posesiones francesas en todo el mundo. La noticia de la victoria estadounidense en la campaña de Saratoga llegó a Europa en diciembre de 1777. Vergennes estaba lo suficientemente seguro de que los estadounidenses todavía tenían una posibilidad real de ganar la guerra, por lo que aceptó la oferta de alianza.

Incluso antes de que la alianza fuera negociada formalmente entre Francia y Estados Unidos, oficiales del ejército de Europa continental ya estaban de camino a América del Norte para alistarse en el Ejército Continental. El ingeniero militar polaco Tadeusz Kosciuszko se alistó en agosto de 1776, y las fortificaciones que diseñó permitieron las victorias en Saratoga contra Burgoyne. Su compatriota Kazimierz Pulaski, junto con el húsar húngaro (caballería ligera centroeuropea) Mihaly Kovats, fueron fundamentales en la creación de unidades de caballería en el Ejército Continental. El barón general prusiano Friedrich Wilhelm von Steuben llegaría a América del Norte a finales de 1777 y sería responsable de entrenar al ejército de Washington en métodos europeos de guerra. El oficial extranjero más influyente que sirvió en el Ejército Continental durante el transcurso de la guerra fue Gilbert du Motier, Marqués de Lafayette. Buscando la gloria militar y motivado por la hostilidad hacia Gran Bretaña, Lafayette viajó a América del Norte a sus propias expensas en contra de los deseos de su familia y el rey francés. Después de su llegada en julio de 1777, fue comisionado como general de división en el Ejército Continental y pronto estableció una estrecha amistad con Washington. Primero participó en la batalla en Brandywine, donde recibió una herida en la pierna, pero continuó dando órdenes y organizando la retirada ordenada del Ejército Continental. Lafayette sirvió en el personal de Washington y compartió sus privaciones en el invierno de 1777 mientras el ejército estaba acampado en Valley Forge. Cuando los franceses se unieron formalmente a la guerra en febrero de 1778, Lafayette resultaría imprescindible como oficial de enlace entre el Ejército Continental y la Marina Francesa.

Los Tratados de Amistad y Comercio y de Alianza entre Francia y los Estados Unidos se firmaron en febrero de 1778. Las dos partes convinieron en que las conquistas territoriales en América del Norte se transferirían a Estados Unidos, mientras que cualquier ganancia en el Caribe pasaría a Francia. Lo más importante es que las dos partes acordaron no hacer una paz separada con Gran Bretaña. La alianza franco-estadounidense transformó las consideraciones estratégicas de la guerra. Los británicos habían sido previamente capaces de suministrar un gran ejército en América del Norte sin mucha dificultad debido a su control de los mares. En comparación con la formidable Armada Real, las fuerzas navales de los revolucionarios estadounidenses eran prácticamente inexistentes. En 1776, la Armada Continental tenía 27 buques en contraste con los 270 de la Armada Británica, y la brecha aumentaría en el transcurso de la guerra. Sin embargo, el comercio británico fue constantemente atacado por los buques mercantes estadounidenses, que se convirtieron en el sector privado durante la guerra. El uso de corsarios fue sancionado tanto por el Congreso Continental como por los estados individuales, y hasta 70.000 hombres pueden haber estado involucrados en el uso de corsarios contra el transporte marítimo británico. A finales de 1777, los soldadores estadounidenses habían tomado 560 buques mercantes británicos que realizaban el comercio a través del Atlántico. Las hazañas de John Paul Jones, un capitán naval de la Armada Continental, fueron particularmente celebradas. Su acción más famosa llegó en 1779 en la Batalla de Flamborough Head, frente a la costa inglesa, cuando forzó la rendición de la fragata británica HMS *Serapis* mientras su propio barco, el *Bonhomme Richard,* ya se hundía.

Mientras que los soldados estadounidenses demostraron ser una molestia para las autoridades británicas, la entrada francesa en la guerra trajo consigo la perspectiva de que la Marina francesa amenazara la supremacía británica en la costa estadounidense. Por lo tanto, las autoridades de Londres cambiaron su atención a los franceses y propusieron apoderarse de la isla francesa de Santa Lucía en las Indias Occidentales. No solo los británicos podrían tomar el control del lucrativo comercio en el Caribe, sino que la Marina francesa se distraería de su objetivo de apoyar a las fuerzas estadounidenses. Antes de lanzar cualquier operación ofensiva, los británicos tenían que decidir qué hacer con la flota francesa. La flota francesa principal se basaba en Brest, en la costa oeste de Francia, mientras que una segunda fuerza bajo el Conde d'Estaing estaba siendo ubicada en Toulon, en el Mediterráneo. El gobierno británico y el mando naval estaban divididos sobre cuál sería el mejor curso de acción, ya que la marina no había sido bien mantenida desde el final de la guerra de los Siete Años y no podía mantener un bloqueo efectivo de los puertos franceses. El almirante Augustus Keppel, comandante de la flota local, prefirió protegerse contra la posibilidad de una invasión de las Islas británicas. Esto permitió a la flota de d'Estaing navegar sin oposición a América del Norte, llegando a Nueva York en julio de 1778 para bloquear la flota del almirante Howe.

La llegada de D'Estaing a la costa norteamericana fue un gran revés para los británicos, aunque las operaciones combinadas entre la Marina francesa y el Ejército Continental en la segunda mitad de 1778 no lograron mucho éxito. Sin embargo, mientras Francia siguiera siendo parte de la guerra, Londres tendría que protegerse contra la invasión de las costas británicas. Aunque un compromiso inconcluso entre el almirante Keppel y la flota de Brest bajo el Conde d'Orvilliers cerca de Ushant en julio de 1778 aseguró que Gran Bretaña estaría a salvo de la invasión por el resto del año, la amenaza de invasión se avecinaba al año siguiente. España entró en la guerra en abril de 1779, no tanto como para ayudar a los revolucionarios estadounidenses, sino para recuperar Gibraltar de los británicos. En junio, las fuerzas españolas comenzaron a asediar Gibraltar. Aunque los británicos lograron mantener Gibraltar bien abastecido, una flota franco-española aliada amenazaba con montar una invasión de Inglaterra. Una flota de 66 barcos navegó por el Canal de la Mancha buscando distraer a la Armada Real, mientras que un ejército de 40.000 hombres sería transportado a través del canal por 400 buques de transporte. La aparición de esta armada el 14 de agosto alarmó a los británicos, aunque una flota de más de treinta barcos bajo el mando del almirante Sir Charles Hardy logró hacer sombra a la flota enemiga. Una combinación de mala coordinación, mal tiempo y enfermedad entre la tripulación aliada obligó a la flota aliada a abandonar su intento. Una vez más, las costas británicas estaban a salvo de la invasión, y los franceses y españoles no planearon una invasión durante el resto de la guerra.

Aunque los británicos estaban indudablemente preocupados por los esfuerzos franceses para lanzar una invasión de Gran Bretaña, la Armada Real continuó participando en operaciones ofensivas. De acuerdo con la nueva estrategia adoptada en el verano de 1778, un convoy británico zarpó de Nueva Jersey hacia las Indias Occidentales con 5.000 hombres bajo el mando del general James Grant con la tarea de capturar Santa Lucía de los franceses. El 14 de diciembre, la flota británica se estacionó en las Indias Occidentales bajo el mando del almirante Samuel Barrington y derrotó a la flota más grande de d'Estaing, y para el 29 de diciembre los franceses entregaron la posesión de la isla a los británicos. A pesar de este éxito británico, la flota de d'Estaing continuó disfrutando de la superioridad numérica en 1779, y los franceses se apoderaron con éxito de San Vicente y Granada, propiedad de los británicos, en el verano. Una flota británica bajo el almirante John Byron atacó d'Estaing mientras el almirante francés navegaba lejos de Granada, pero sufrió una fuerte derrota en el proceso. La batalla de Granada el 6 de julio fue la peor derrota de la Armada Real en casi un siglo. Byron perdió a mil hombres en el combate. La guerra en las Indias Occidentales finalmente también implicaría a los españoles y a los holandeses, y los combates continuarían hasta 1783, después de que las operaciones militares en América del Norte ya estuvieran concluidas.

Las distracciones causadas por las flotas francesa y española aumentaron la vulnerabilidad del comercio británico. Entre 1777 y 1780, los soldados estadounidenses lograron capturar otros 1.000 buques mercantes británicos. Aunque la Armada Real logró mantener el control de la costa estadounidense durante gran parte de 1778-80, continuó experimentando dificultades para abastecer a sus ejércitos. El 27 de julio de 1780, un gran convoy británico zarpó de Portsmouth con destino a América del Norte, escoltado por el HMS *Ramillies* del capitán Sir John Moutray y dos fragatas. El convoy de 63 buques mercantes transportaba un millón de libras de oro, junto con 80.000 mosquetes, 294 piezas de artillería y otros equipos destinados al ejército de 40.000 hombres en América del Norte. El 9 de agosto de 1780, mientras el convoy navegaba más allá de las Azores, fue interceptado por una flota franco-española comandada por Luis de Córdoba. 55 de los buques mercantes británicos confundieron el buque insignia español con el HMS *Ramillies* y fueron capturados por Córdoba. Los españoles se llevaron a más de tres mil prisioneros británicos, y el desastre quebró a los poseedores de seguros marítimos en toda Europa.

Aunque la flota británica siguió siendo la más grande del mundo, no pudo patrullar los mares eficazmente contra la hostilidad francesa, española, holandesa y estadounidense. Las autoridades británicas tenían que decidir qué sectores priorizar. A diferencia de la guerra de los Siete Años, los británicos ya no podían confiar en un aliado continental para distraer a sus enemigos europeos. Prusia se mantuvo neutral cuando Federico el Grande se acercó a sus años crepusculares. El envejecido Federico era muy consciente de que su reino había sido casi destruido durante la guerra de los Siete Años y no deseaba arriesgar sus ganancias territoriales anteriores. Los británicos solicitaron una alianza y 20.000 soldados de Rusia, pero a la emperatriz Catalina la Grande (1762-96) no le gustaba Jorge III y creía que los británicos tenían la culpa de la revolución en sus colonias americanas. Cualquier esperanza de ganar la buena voluntad de Catalina se perdió cuando los británicos adoptaron polémicas contramedidas para confiscar el transporte neutral que sospechaban de llevaban de contrabando para apoyar a los revolucionarios estadounidenses. Estas medidas enfurecieron a Catalina la Grande. En marzo de 1780, emitió una Declaración de Neutralidad Armada para proteger los intereses del transporte neutral. La declaración estableció los derechos de los buques neutrales en guerra y preveía su protección armada en caso de que se infringieran tales derechos. Catalina invitó a otras naciones europeas a unirse a una Liga de la Neutralidad Armada. En 1781, Dinamarca, Suecia, Austria y Prusia se unieron a la Liga. Aunque no discriminó entre la interferencia estadounidense y la británica en el transporte marítimo neutral, la neutralidad armada favoreció a la causa estadounidense. Frente a la neutralidad armada, la Armada Real no podía hacer nada para impedir que los buques franceses y holandeses enarbolen la bandera rusa y entraran en puertos estadounidenses, trayendo suministros a los estados. Al establecer la Liga, Catalina había reconocido efectivamente a Estados Unidos como su propio estado independiente en igualdad de condiciones con los británicos, en lugar de como provincias rebeldes del Imperio británico.

Capítulo 9 – Guerra en el sur

El fracaso de la estrategia de Burgoyne en Canadá, junto con la alianza francesa con los revolucionarios estadounidenses, obligó a los británicos a adoptar un nuevo plan. En mayo de 1778, Howe renunció su mando a favor de sir Henry Clinton. Lord George Germain, que había sucedido al conde de Dartmouth como secretario colonial en 1775, ordenó a Clinton evacuar Filadelfia y regresar a Nueva York. Clinton y su ejército se moverían por mar para atacar a los estados del sur. Esta nueva estrategia parecía sensata. Ya no tenía sentido llevar a cabo una campaña terrestre en el territorio hostil de los estados del norte, especialmente cuando se hacía cada vez más difícil abastecer al ejército al otro lado del Atlántico. En su lugar, el ejército llevaría a cabo operaciones conjuntas con la Armada Real, que continuó la superioridad local en la costa estadounidense, permitiendo al ejército operar más eficazmente en el sur. Las colonias del sur de Georgia y Carolina del Sur estaban dominadas por terratenientes cuyos intereses comerciales eran limitados. También eran colonias más jóvenes y habían tenido menos tiempo para desarrollar una identidad separada de sus amos imperiales británicos. Los británicos esperaban vincularse con los leales en el sur y llevar a cabo operaciones conjuntas contra los patriotas. Esta fuerza se haría más poderosa a medida que se acercara a Carolina del Norte y

Virginia. Los británicos esperaban que el sentimiento revolucionario estadounidense disminuyera con la reconquista británica del sur, y pensaban que la guerra todavía podría ganarse.

El ejército de Clinton evacuó Filadelfia en junio de 1778, permitiendo que el Congreso Continental regresara a su antiguo escaño a principios de julio. 3.000 leales fueron evacuados a Nueva York por la flota del almirante Howe, pero el ejército de Clinton, de 10.000 hombres, se dirigió a la ciudad por tierra. Cuando los británicos se retiraron, Washington y sus generales debatieron qué hacer a continuación. El general Charles Lee, diputado de Washington, argumentó que los continentales deberían permitir que los británicos se retiraran y no arriesgaran a su ejército en combates sobre el terreno, mientras que los oficiales extranjeros, incluidos Steuben y Lafayette, alentaron a Washington a asumir la ofensiva y atacar el tren de suministros de Clinton. Washington finalmente decidió emprender la batalla, entregando el mando de la vanguardia al general Lee. Los hombres de Washington alcanzaron a los británicos en Monmouth Court House en Nueva Jersey. Lee era reticente a ir a la ofensiva e introdujo unidades a un ritmo constante. De esa manera permitió que la retaguardia británica, bajo el mando del general Charles Cornwallis, venciera la vanguardia de Lee. Solo la llegada de Washington y Lafayette restauró el orden y la disciplina, permitiendo a los continentales reagruparse y obligar a Cornwallis a retroceder. La batalla puso fin a la carrera militar de Lee, pero mejoró la reputación de Washington y Lafayette. Los británicos continuaron su marcha a Nueva York sin más altercados y llegaron a mediados de julio. La llegada de Clinton a Nueva York coincidió con la aparición de la flota de d'Estaing fuera del puerto. La incapacidad de los barcos franceses para pasar por el canal poco profundo del puerto de Nueva York impidió las operaciones contra la flota de Lord Howe. Tampoco pudieron conseguir nada con la operación anfibia combinada que lanzaron contra Newport. La alianza franco-estadounidense en el mar aún no había dado sus frutos.

A diferencia de años anteriores, las hostilidades continuaron durante todo el invierno. Clinton inició operaciones contra el sur a finales de 1778. En noviembre, además de los 5.000 hombres que envió para apoderarse de Santa Lucía, mandó a otros 3.500 hombres bajo el mando del teniente coronel Archibald Campbell para invadir Georgia, el estado más meridional. Campbell aterrizó en Georgia el 23 de diciembre y capturó la ciudad de Savannah el día 29. En el transcurso del mes siguiente, Campbell unió fuerzas con el general Augustine Prevost para tomar el control de Georgia. El éxito de los ejércitos británicos movilizó a la milicia lealista que se unió a los regulares británicos mientras se trasladaban al norte de Carolina del Sur. Aunque la fuerza expedicionaria británica había tenido éxito, Clinton se quedó en Nueva York durante gran parte de 1779. Londres estaba mucho más preocupado ante la perspectiva de una invasión franco-española. Además, los debates sobre el desarrollo de la guerra dominaban la actividad política en el Parlamento. William Howe se defendió a sí mismo y a su hermano contra las acusaciones de que había fallado por su falta de liderazgo como comandante en jefe de las fuerzas británicas en Estados Unidos. El establecimiento militar británico estaba dividido en dos bandos. Unos opinaban que el desafío en Estados Unidos era inabarcable y otros, por el contrario, creían que la mayoría de los estadounidenses seguían siendo súbditos leales al rey Jorge y que proporcionarían apoyo material a la presencia militar británica. Los debates continuaron en la prensa pública y demostraron que el apoyo a la guerra se estaba desvaneciendo.

Las operaciones militares en el sur de Estados Unidos se reanudaron cerca de fin de año, cuando el Ejército Continental intentó retomar Savannah, tomada por la milicia patriota y la flota de d'Estaing, en septiembre. El fracaso de esta operación hizo que Clinton llevara su ejército al sur. El 26 de diciembre de 1779, Clinton dejó Nueva York con 8.000 hombres destinados a Carolina del Sur. El objetivo era el puerto de Charleston, la ciudad más grande de los estados del sur con una población de 12.000 ciudadanos. Los británicos comenzaron a asediar la ciudad a finales de marzo. Clinton tenía la intención de atacar la ciudad con la ayuda de la Armada Real, pero los desacuerdos con el almirante Mariot Arbuthnot obligaron a Clinton a tomar la ciudad sin la ayuda de la marina. El 21 de abril de 1780, la guarnición estadounidense, bajo el mando del general Benjamin Lincoln, ofreció su rendición si se permitía que los continentales abandonaran la ciudad según sus propios términos, pero esta propuesta fue rechazada por el comandante británico. Los bombardeos de artillería de los británicos obligaron a Lincoln a rendirse, esta vez con sus hombres en cautiverio y sus armas confiscadas. Después de supervisar la captura de Charleston, Clinton regresó a Nueva York y dejó a Cornwallis al mando. Este último recibió órdenes de capturar las dos Carolinas antes de invadir Virginia, coordinando un ataque con una fuerza británica que conduciría hacia el sur desde Nueva York.

Los regulares británicos bajo Cornwallis, apoyados por milicias leales, invadieron con éxito Carolina del Sur en tres meses. Durante este período, la guerra de guerrillas fue llevada a cabo por milicias de ambos bandos. Esta lucha caracterizaría la guerra en el sur en 1780 y el año siguiente. Mientras tanto, el Ejército Continental nombró al general Horatio Gates, el vencedor de Saratoga, para comandar el ejército en el sur. El ejército que Gates iba a dirigir estaba compuesto por 1.400 continentales de Delaware y Maryland encabezados por Johann de Kalb, un general bávaro que había estado al servicio del rey de Francia. Este ejército fue reforzado por 2.500 milicianos de Carolina del Norte y Virginia. En agosto, Gates llevó al ejército a Camden, donde Cornwallis había establecido su depósito de suministros en Carolina del Sur. Gates creía que la fuerza británica era mucho más pequeña que la suya, pero después de recibir refuerzos, Cornwallis contaba con al menos 2.000 hombres. Gates se sintió obligado a atacar y abrió fuego el 16 de agosto. El encuentro fue un desastre para la fuerza estadounidense. Los milicianos de Virginia y Carolina del Norte habían sido desplegados frente a las mejores tropas de Cornwallis. La disciplinada infantería británica disparó contra los milicianos de Virginia que pronto entraron en pánico y huyeron del campo de batalla junto con las unidades de Carolina del Norte, dejando a los hombres de Kalb peligrosamente expuestos. El propio De Kalb luchó valientemente hasta que fue herido. Murió tres días después en cautiverio británico.

La guerra de guerrillas entre las milicias británicas y estadounidenses continuó después de Camden. El teniente coronel Banastre Tarleton ganó una notoriedad especial por su conducta en esta guerra irregular en el sur. Tarleton era el comandante de la Legión británica, una fuerza de caballería e infantería ligera, que había jugado un papel crucial en el asedio de Charleston. El acto más célebre de los hombres de Tarleton llegó después de la batalla de Waxhaws a finales de mayo. La Legión derrotó a un contingente de 400 continentales bajo las órdenes de Abraham Buford, cuyas tropas inexpertas huyeron al ver la temible caballería. Cuando Buford sacó una bandera blanca con la intención de rendirse, los hombres de Tarleton continuaron su ataque y masacraron a más de 100 continentales. Aunque la mayoría de los relatos contemporáneos sugieren que Tarleton no dio tales órdenes porque había quedado atrapado bajo su caballo muerto durante las etapas iniciales de la batalla, Tarleton y la Legión británica ganaron la reputación de ser despiadados. El incidente en Waxhaws encendió las pasiones de ambos bandos y contribuyó a una sangrienta guerra de guerrillas en la que ninguno de los dos bandos se dio tregua. Cornwallis encomendó la tarea de pacificar Carolina del Sur al mayor Patrick Ferguson y a una fuerza miliciana de 1.000 hombres. Aunque Ferguson había tenido en gran medida éxito en la limpieza de la zona de las milicias enemigas, los patriotas recibieron la noticia de su intención de eliminar a los restantes y se vieron obligados a reclutar a unos 1.000 hombres para enfrentarse a Ferguson. Sorprendieron y derrotaron a Ferguson en Kings Mountain el 7 de octubre. Los patriotas victoriosos se negaron a aceptar la rendición de la milicia de Ferguson y continuaron disparando y apuñalando a los combatientes enemigos derrotados antes de que sus oficiales lograran contenerlos, reclamando venganza por la masacre en Waxhaws.

La destrucción de la milicia de Ferguson, cuyo comandante fue asesinado en Kings Mountain, obligó a Cornwallis a abandonar su intento de invadir Carolina del Norte. Mientras tanto, Nathanael Greene se dirigía hacia el sur para reemplazar a Gates como comandante del frente sur. En su camino, se detuvo en Filadelfia y suplicó al Congreso que le diera más hombres y suministros, citando la precariedad de la situación militar. Cuando Greene llegó a Charlotte, Carolina del Norte, encontró a 1.400 hombres mal equipados que difícilmente podían ser llamados un ejército. Con el fin de transformar su ejército en una fuerza de combate efectiva, Greene confió en el talento de los mejores oficiales extranjeros del Ejército Continental. Von Steuben trabajó incansablemente para entrenar tropas en Virginia que pudieran reforzar a Greene cuando fuera necesario. Kosciuszko y otros oficiales exploraron el terreno local para determinar dónde el ejército podía luchar más eficazmente.

Greene optó por dividir su ejército en dos: la fuerza principal se dirigió hacia Charleston, mientras que el general Daniel Morgan fue al oeste para acosar al enemigo. Aunque se trataba de un riesgo estratégico, Greene sabía que no podía mantener todo su ejército en una sola ruta. El contingente de Morgan, con alrededor de 1.000 hombres, fue perseguido por Tarleton, que lideraba un número similar de hombres. Los dos ejércitos se reunieron en la batalla de Cowpens en el noroeste de Carolina del Sur el 17 de enero de 1781. La batalla ejemplificó la imprudencia de Tarleton y la ingeniosa táctica de Morgan. La infantería de Morgan convenció a Tarleton para lanzar un asalto cuesta arriba, y se involucró en un cuerpo a cuerpo. Después de disparar un par de voleas, la segunda línea de Morgan se retiró y maniobró alrededor del flanco británico izquierdo. Mientras tanto, la caballería de reserva comandada por el coronel William Washington, primo del comandante en jefe, arrasó la colina contra el flanco derecho británico. Con su ejército rodeado por todos lados y frente a una carga de bayonetas del enemigo, Tarleton se vio obligado a rendirse, lo que le dio una victoria crucial a los continentales.

Una vez que Cornwallis se enteró de la derrota de Tarleton en Cowpens, trató de alcanzar al contingente de Morgan. Tanto Morgan como Greene se dieron cuenta de que sus ejércitos era un objetivo vulnerable para Cornwallis y trataron de reunir a sus fuerzas de nuevo. Mientras tanto, el ejército de Cornwallis fue entorpecido por la falta de información de los movimientos del enemigo, y fracasó en su esfuerzo por bloquear a Morgan. Las tropas continentales reunidas optaron por retirarse y lograron cruzar a Virginia antes de que los británicos abandonaran la persecución. Cornwallis estableció la sede en Hillsboro, Carolina del Norte, e hizo un llamamiento a los estadounidenses leales para unirse a la lucha contra los patriotas. Motivado por informes falsos de que el llamamiento de Cornwallis había sido un gran éxito, y después de recibir refuerzos de von Steuben, Greene llevó a su ejército de vuelta a las Carolinas y esperó un ataque británico en Guilford Court House. Los británicos obtuvieron una victoria táctica en la batalla siguiente, pero a costa de un tercio de su ejército. Por el contrario, los hombres de Greene habían luchado bien y permanecieron con buen espíritu. Con 1.400 hombres en forma, Cornwallis tomó la fatídica decisión de moverse al norte, a Virginia, en un esfuerzo por coordinarse con el ejército de Clinton en Nueva York. Mientras tanto, Greene llevó a su ejército al sur para recuperar Carolina del Sur y Georgia. Aunque Greene perdió combates en Hobkirk's Hill y Eutaw Springs, en septiembre la milicia patriota logró asegurar la mayoría de las Carolinas y Georgia, dejando a los británicos confinados a Charleston y Savannah. En el transcurso de 1781, la guerra en el sur se había tornado a favor de los estadounidenses. El apoyo de los lealistas previsto por Cornwallis no se materializó, y las milicias que operaban junto con el ejército británico se enfrentaron a las milicias patriotas.

Capítulo 10 – Rendición en Yorktown

Cuando Cornwallis llegó a Virginia fue recibido por Benedict Arnold, que había desertado al ejército británico a finales de 1780. Arnold, uno de los generales más talentosos del Ejército Continental, había recibido el mando de la guarnición en Filadelfia en 1778. A pesar de su talento en el campo de batalla, las relaciones de Arnold con sus compañeros comandantes eran escasas -su insubordinación en Saratoga es un excelente ejemplo-. Además, se sintió agraviado porque había sido superado por mandos más veteranos. Arnold mantenía un estilo de vida lujoso en Filadelfia y estaba muy endeudado con los acreedores de Londres. También se había casado con la joven Peggy Shippen, la hija de una prominente familia lealista que había apoyado la ocupación británica de Filadelfia. Arnold entabló comunicaciones secretas con el comandante en jefe británico sir Henry Clinton para entregar el fuerte de West Point en Nueva York, que iba a comandar en abril de 1779. A través del mayor John André, jefe de espionaje de las fuerzas británicas en América del Norte, Arnold acordó un pago de 20.000 libras esterlinas para entregar el fuerte. Una vez que se estableció en el fuerte, tomó medidas para debilitar sus defensas. Después de que los dos hombres se conocieran a finales de septiembre, André fue capturado por milicianos estadounidenses, y las cartas incriminatorias que llevaba fueron enviadas a Washington. Cuando se descubrió la evidencia de su traición fue enviado a Washington, Arnold navegó a Nueva York y fue nombrado oficial británico. West Point permaneció en manos estadounidenses mientras que André fue ejecutado por ahorcamiento el 2 de octubre.

En diciembre de 1780, Clinton envió a Arnold a Virginia al frente de la Legión americana, una fuerza de 1.600 hombres, la mayoría de los cuales eran desertores del Ejército Continental. Arnold logró capturar Richmond por sorpresa, y continuó destruyendo casas y granjas por todo el estado. Sin embargo, se vio obligado a renunciar a Richmond después de la llegada de Lafayette. En marzo, Arnold recibió refuerzos comandados por William Phillips, quien continuó la incursión. Phillips murió de fiebre en mayo, lo que permitió a Arnold volver a asumir el mando del ejército de 5.000 hombres hasta la llegada de Cornwallis el 20 de mayo. Cornwallis tomó el mando de Arnold y envió a este último de vuelta a Nueva York. Arnold pasaría el resto de la guerra asaltando ciudades en su Connecticut natal. Mientras tanto, el ejército de Cornwallis derrotó a Lafayette y recuperó Richmond. Envió a Tarleton a una redada contra Charlottesville, donde los legisladores de Virginia se habían reunido temporalmente. Tarleton no logró capturar a Thomas Jefferson, que era gobernador de Virginia. Jefferson escapó apenas diez minutos antes de la llegada de Tarleton a su casa en Monticello, y el oficial británico se contentó bebiendo varias botellas de vino de la bodega de Jefferson.

La decisión de Cornwallis de marcharse a Virginia fue tomada sin el conocimiento del general Clinton en la sede central en Nueva York. Una vez que la noticia de los movimientos de Cornwallis llegó a Clinton, el comandante en jefe británico se vio obligado a reevaluar la situación estratégica. La campaña del sur había sido un fracaso, y el apoyo lealista esperado no se materializó. Los británicos se alarmaron por la aparición de una flota francesa de veinte barcos comandados por el almirante Paul de Grasse que zarpó de Brest en marzo y llegó a las Indias Occidentales a finales de abril. Clinton anticipó un ataque franco-estadounidense a Nueva York y pidió tropas a Cornwallis para reforzar la defensa de Nueva York. El resto de las fuerzas de Cornwallis fueron autorizadas para llevar a cabo incursiones en posiciones estadounidenses. Clinton también pidió a Cornwallis que identificara un sitio para establecer un puerto naval de aguas profundas, ya que a la Armada Real le resultaba difícil operar desde Nueva York. Cornwallis inicialmente se mostró reacio a permanecer en Virginia y pidió permiso para regresar a Charleston, pero finalmente cumplió las órdenes de Clinton y se mudó a Yorktown, en la orilla sur del río York que desemboca en la bahía de Chesapeake. La nueva base permitiría a los británicos llevar a cabo operaciones anfibias en Virginia, aunque a Cornwallis le preocupaba que la red de ríos de Chesapeake fuera vulnerable a ataques franceses repentinos. Cornwallis decidió mantener a toda su fuerza de 8.000 hombres con él para fortalecer el puesto, y lo Clinton aprobó. El ejército de Cornwallis en Virginia fue ensombrecido por Lafayette, quien comandó un ejército de la mitad del tamaño.

El temor de Clinton por un ataque franco-estadounidense conjunto a Nueva York tenía una base cierta. Desde julio de 1780, una fuerza francesa de 5.000 hombres enviados por el rey Luis XVI se había establecido en Newport, Rhode Island. El ejército fue comandado por el conde de Rochambeau, un oficial experimentado en la guerra europea que no podía hablar inglés y no tenía experiencia en Estados Unidos. Sin embargo, sus habilidades militares y su disposición a subordinarse a Washington, fueron apreciadas por el comandante estadounidense. Aunque los franceses habían desembarcado, Rochambeau se mostró reacio a dejar atrás a su flota, que fue bloqueada por la Marina Británica. Sin embargo, en mayo de 1781, Washington y Rochambeau acordaron continuar con las operaciones conjuntas contra la ciudad de Nueva York, aunque estos planes no dieron muchos frutos cuando se pusieron en funcionamiento en julio. En agosto, Washington recibió la noticia de que De Grasse navegaba hacia Chesapeake con 29 barcos y más de 3.000 hombres, tras haber llegado a un acuerdo con los españoles para que la Armada Española protegiera los intereses franceses en el Caribe. Washington informó inmediatamente a Rochambeau de su intención de llevar a los dos ejércitos a Chesapeake lo antes posible. La marcha ejemplificó el genio de Washington para la organización y la logística, y el ejército llegó a mediados de septiembre.

De Grasse llegó a Virginia a finales de agosto, y a principios de septiembre luchó contra la flota británica hasta derrotarla en la batalla de Chesapeake. De Grasse no quería mantener su flota en aguas vulnerables y esperaba regresar a mar abierto. Washington y Rochambeau persuadieron al almirante para que se quedara por el bien del ejército franco-estadounidense, y De Grasse accedió a enviar 2.000 hombres para ayudar a los aliados de Yorktown. A principios de septiembre, Cornwallis podría haber intentado escapar de Yorktown, pero se quedó esperando refuerzos de Clinton. Una vez que el ejército aliado llegó, las posibilidades de Cornwallis de luchar para salir eran escasas. Las operaciones de asedio comenzaron el 28 de septiembre cuando el ejército aliado marchó desde Williamsburg, estableciendo un campamento en las afueras de Yorktown. Cornwallis estableció dos líneas de defensa, pero pronto abandonó la línea exterior. El ejército aliado combinado de 19.000 hombres parecía destinado a la victoria. A veces, el ejército aliado silenció su fuego y recurrió a golpear sus tambores como una demostración de fuerza contra los defensores. Rochambeau pronto puso fin a esta práctica, observando que el tambor atraía el fuego enemigo. Durante la primera semana de octubre, los ingenieros aliados reforzaron sus fortificaciones y construyeron posiciones para colocar su artillería. Los aliados comenzaron el bombardeo el 9 de octubre tomando por sorpresa al ejército británico.

Cornwallis sabía que la caída de Yorktown era inevitable. Durante la noche del 16 de octubre, esperaba evacuar su ejército a través del río York y llevarlo a la orilla norte de Gloucester Point, pero el mal tiempo lo obligó a abandonar el intento. El 17 de octubre, la flota británica zarpó de Nueva York con 6.000 refuerzos, pero se volvió cuando se dio cuenta de que la flota francesa era superior en número. El mismo día, sin tener noticias de ningún intento de ayudar a su ejército asediado, Cornwallis envió a un oficial a Washington para negociar una rendición. Los términos se acordaron en los días siguientes, y Washington firmó el 19 de octubre. La guarnición británica dejó las armas y marchó fuera de Yorktown tocando la melodía militar británica *The World Turned Upside Down (El mundo al revés)*, que parecía reflejar perfectamente la experiencia británica de la guerra en Estados Unidos. Cornwallis no asistió a la ceremonia de rendición y envió al general Charles O'Hara a entregar su espada en su lugar. Con la esperanza de evitar la humillación de rendirse a un oficial estadounidense, O'Hara primero trató de entregar la espada a un oficial francés. Los franceses se negaron a recibir la rendición, y O'Hara fue llevado al general Benjamin Lincoln, el segundo al mando de Washington, en Yorktown. Lincoln tomó la espada y la sostuvo brevemente antes de devolverla a O'Hara, como la convención dictaba.

La rendición del ejército de Cornwallis en Yorktown fue una gran derrota para los británicos, pero no necesariamente significó la derrota británica en la guerra. Los británicos continuaron poseyendo un gran ejército en Nueva York, y también presencia en Charleston, partes de Georgia, Canadá y las Indias Occidentales. Sin embargo, el desastre en Yorktown rompió la voluntad de las autoridades británicas en Londres. Lord North, el arquitecto de la política que condujo a la guerra, renunció al cargo de primer ministro en marzo de 1782. Fue reemplazado por Rockingham, quien una vez más asumió el cargo supremo. El ministerio de Rockingham tuvo la tarea de negociar la paz con los estadounidenses. Lord Shelburne se convirtió en ministro del Interior con responsabilidad en asuntos coloniales, mientras que Charles James Fox fue nombrado secretario de Relaciones Exteriores, con responsabilidad en asuntos europeos. Fox y Shelburne eran rivales, pero bajo este acuerdo compartían la responsabilidad de los asuntos diplomáticos relacionados con la paz entre Francia y Estados Unidos. Más tarde, en julio, Shelburne se convertiría en primer ministro a la muerte de Rockingham. En abril, nombró a Richard Oswald, un comerciante escocés que había pasado su juventud en Virginia, para servir como agente británico en las negociaciones. El Congreso estadounidense nombró a John Adams, Benjamin Franklin y John Jay para que fueran comisionados para la paz. Las conversaciones de paz se celebraron en París y fueron organizadas por el ministro francés de Relaciones Exteriores Vergennes.

Aunque el Congreso instruyó a los negociadores estadounidenses para que consultaran todas las decisiones con sus aliados franceses y siguieran sus consejos, los estadounidenses y los franceses divergieron sobre la cuestión del asentamiento territorial en América del Norte y los derechos comerciales de los Estados Unidos en Canadá. Los franceses, aunque reconocían la independencia estadounidense, querían proteger sus intereses en el Caribe. Mientras tanto, España estaba principalmente preocupada por recuperar Gibraltar, lanzando un gran ataque de última hora contra el puesto avanzado británico en septiembre de 1782. Los americanos se dieron cuenta de que podían obtener mejores condiciones negociando directamente con Londres. Las conversaciones entre los representantes británicos y estadounidenses se vieron enrocadasa por el hecho de que Oswald no había recibido instrucciones para reconocer la independencia estadounidense. Franklin y Jay insistieron en que los británicos debían reconocer la independencia estadounidense antes de la firma del tratado de paz. Se redactó un nuevo conjunto de palabras que lograron satisfacer a ambas partes. Los artículos preliminares de paz fueron finalmente acordados el 30 de noviembre. Franklin informó a Vergennes del acuerdo, que no entraría en vigor hasta que los británicos y los franceses hicieran las paces. El primer artículo del tratado fue un reconocimiento del rey británico de que los Estados Unidos debían ser "estados independientes libres y soberanos", mientras que el resto del documento delineaba los límites geográficos y los derechos comerciales de esta entidad soberana recién reconocida. Los términos eran muy favorables para los estadounidenses, y Shelburne preveía que británicos y estadounidenses podrían disfrutar de un comercio rentable entre sí. El Congreso también acordó recomendar a las legislaturas estatales que restauraran los derechos de propiedad de los británicos. A pesar de este compromiso, los estados eran reacios a hacerlo, y muchos leales optaron por el exilio británico. Los exiliados incluyeron a Benedict Arnold, que había ido a Londres en un vano intento de persuadir al Parlamento para que continuara el esfuerzo bélico.

El 20 de enero de 1783 se firmó la paz entre Gran Bretaña y Francia. Los intereses franceses en el Caribe experimentaron un revés cuando la flota de De Grasse fue derrotada por el almirante George Rodney en la batalla de los Santos en abril de 1782, con su comandante cayendo en cautiverio británico. Los franceses estaban dispuestos a poner fin a una costosa guerra que estaba agotando el tesoro real. Del mismo modo, después de su fallido ataque a Gibraltar, los españoles también acordaron la paz con Gran Bretaña. No lograron su objetivo principal de recuperar Gibraltar, aunque los británicos cedieron Menorca y las Floridas a los españoles. Todas las partes firmaron el Tratado de París el 3 de septiembre de 1783, que fue ratificado en mayo siguiente. El ejército británico fue evacuado de los Estados Unidos por Guy Carleton, quien reemplazó a Clinton en marzo de 1782 y al que se le dio la tarea poco envidiable de organizar el transporte de hombres y suministros de vuelta a Gran Bretaña. Mientras tanto, los estadounidenses victoriosos celebraron su victoria brindando por el general Washington, el Ejército Continental y sus aliados franceses. El nuevo y audaz experimento para establecer una nación dedicada a la vida, la libertad y la búsqueda de la felicidad había sobrevivido a una larga y agonizante prueba de fuego. Los Estados Unidos tendrían ahora que aprender a gobernarse a sí mismos en tiempos de paz.

Capítulo 11 – Una unión imperfecta

El 19 de diciembre de 1783, George Washington cabalgó a Annapolis, Maryland, la sede temporal del Congreso. El victorioso comandante estadounidense fue el hombre más famoso de América del Norte y el héroe de la revolución. Si hubiera querido hacerlo, Washington podría haberse convertido en un dictador militar con el apoyo del ejército, así como de la mayoría de la gente. En cambio, después de haber asegurado la independencia de su país, Washington renunció a la comisión que el Congreso le había asignado ocho años antes. Se inspiró en el ejemplo del general romano Cincinato, quien fue nombrado dictador en el 458 a. C. y le fueron otorgados poderes excepcionales para organizar la exitosa defensa de la ciudad contra una invasión enemiga. Una vez que obtuvo la victoria en quince días, Cincinato renunció a su oficina y regresó a su granja. El gesto de Washington también fue motivado en parte por la conspiración de Newburgh en marzo de 1783. A lo largo de la guerra, el Ejército Continental recibió una asistencia limitada del Congreso, que no pudo obligar a los estados a proporcionar suministros y dinero para mantener el ejército. Mientras estaban acampados en Newburgh, Nueva York, los oficiales del ejército que se quejaron de que no les habían pagado durante varios meses planearon un golpe militar, alentado por miembros del Congreso, que creían que el mandato del Congreso debía ampliarse a expensas de los estados. Cuando Washington descubrió la conspiración, rápidamente se movió para desactivar la situación, pero el riesgo de que el ejército socavara el gobierno civil era evidente. El Congreso finalmente accedió a mantener a los hombres con la mitad de sueldo durante cinco años, y la mayor parte del ejército fue dado de baja.

El gobierno civil de Estados Unidos operó bajo los Artículos de la Confederación, que entraron en vigor el 1 de marzo de 1781 tras su ratificación por los trece estados. El autor principal, John Dickinson, había recomendado otorgar amplios poderes al Congreso, pero el texto que finalmente fue aprobado y ratificado limitó el poder del Congreso y dejó la mayor parte del poder político en manos de los estados. Las sesiones iniciales se basaron en la Casa del Estado de Pensilvania en Filadelfia, donde se había reunido el Congreso Continental y donde se firmó la Declaración de Independencia. El cuerpo más tarde se trasladó a Princeton, Nueva Jersey; Annapolis, Maryland; Trenton, Nueva Jersey; y Nueva York. Durante la guerra, los estados individuales comprendieron el imperativo de contribuir al esfuerzo bélico y estaban más dispuestos a actuar según las recomendaciones del Congreso. Una vez firmado el Tratado de París, los estados individuales estaban dispuestos a mantener sus libertades. A lo largo de la década de 1780, el Congreso se enfrentó a una serie de desafíos en el campo de la economía, los asuntos exteriores y el asentamiento de nuevos territorios. Estos problemas requerían soluciones federales y por lo tanto la atención del Congreso, pero debido a los limitados poderes que le otorgaban los Artículos de la Confederación, el Congreso tenía dificultades para persuadir a los estados para que implementaran sus políticas.

El gobierno nacional tenía importantes gastos de varios frentes, incluidos el salario de los soldados, la deuda pública y los costes de operación diarios, pero el Congreso no tenía ninguna fuente de ingresos a la que recurrir. El poder tributario recaía en los estados. En abril de 1783, el Congreso aprobó una medida para imponer una tasa del cinco por ciento a las importaciones para financiar el pago de la deuda pública. Aunque once estados aprobaron la medida en 1786, Pensilvania y Nueva York se opusieron y no se cumplió la unanimidad necesaria para que el gravamen se convirtiera en ley. A pesar de los intentos del Congreso de persuadir a los estados para que contribuyeran financieramente, en 1785 el Congreso dejó de pagar los intereses de su deuda con Francia. El drenaje del tesoro francés debido a la guerra contribuyó parcialmente a la Revolución francesa en 1789.

Además de sus preocupaciones sobre las finanzas públicas, el Congreso también estaba preocupado por las cuestiones comerciales. Aunque el volumen de comercio aumentó después de la guerra, seguía habiendo una sensación de inquietud por la caída de los precios, el elevado endeudamiento y la regulación comercial que restringía el comercio interestatal. En 1786, el congresista James Madison de Virginia sugirió una convención de estados para considerar el fortalecimiento de los poderes del Congreso e incluir competencias en la regulación del comercio y poderes de imposición. Solo cinco estados asistieron a la convención, y había poco que se pudiera hacer para persuadir al resto a ceder sus poderes al Congreso.

Mientras el Congreso esperaba la aprobación estatal del impuesto de importación, el gobierno nacional tuvo que hacer frente a una crisis de política exterior. Aunque los británicos habían acordado un generoso asentamiento territorial con Estados Unidos, España no reconoció la cesión del territorio al este del Misisipi al control estadounidense. Gran Bretaña y Estados Unidos habían acordado en París que el río Mississippi debería estar abierto a buques mercantes de ambos países, pero en 1784, los españoles cerraron el bajo Misisipi a la navegación estadounidense. Esperaban persuadir a los colonos que estaban en lo ahora es Kentucky y Tennessee para separarse de los Estados Unidos con el fin de comerciar a través del puerto español de Nueva Orleans. Estos colonos consideraron seriamente esta proposición, ya que sentían que habían sido descuidados por el Congreso. El secretario de Relaciones Exteriores d Estados Unidos en ese momento era John Jay, un abogado de Nueva York que anteriormente había servido como embajador en España y como uno de los negociadores de paz en París. Las instrucciones de Jay fueron redactadas por el congresista de Virginia, James Monroe, que defendió la reclamación estadounidense de los territorios al este del Misisipi y el derecho de navegación a lo largo de toda la longitud del río. Sin embargo, Jay estaba interesado en evitar la competencia de los estados occidentales que comerciaban a través del Misisipi, y estaba abierto a aceptar las demandas españolas. Pidió la autorización del Congreso para iniciar otras negociaciones, pero no tuvo éxito, ya que cualquier tratado requería el apoyo de nueve estados para su aprobación. Las disputas sobre las acciones de Jay obstaculizaron una mayor cooperación entre los estados.

El Congreso tuvo más éxito en la regulación del asentamiento y el gobierno de los territorios al noroeste del río Ohio. El territorio había sido reclamado por Virginia desde el siglo XVII, pero renunció a él en 1781 como condición para la ratificación de Maryland de los Artículos de la Confederación. Thomas Jefferson, que sirvió en el comité del Congreso supervisando el asentamiento de nuevos territorios, previó que después de un período de gobierno territorial estas nuevas tierras se unirían a la Unión con el mismo estatus que los trece estados originales. Jefferson también creía que los nuevos territorios deberían ser dados a los colonos de forma gratuita, pero el Congreso no tenía fondos y decidió vender tierras para pagar la deuda nacional. En la Ordenanza de Tierras de 1785, el Congreso dividió el nuevo territorio en municipios de 36 millas cuadradas, con lotes de una milla cuadrada por valor de un dólar por acre. También se hicieron disposiciones para las concesiones de tierras a soldados veteranos y escuelas públicas. El plan fue víctima de la especulación. La compañía de Ohio comenzó a comprar la tierra a precios bajos.

Los okupas que se establecieron en el territorio de Ohio sin ningún derecho a la tierra también complicaron lo situación y a menudo se encontraron en conflicto con las poblaciones indias locales. Este proceso anárquico de asentamiento obligó al Congreso a revisar su política mediante la introducción de la Ordenanza del Noroeste de 1787, que dio al Congreso el control del gobierno. La ordenanza también fue el primer documento en la historia de Estados Unidos en prohibir la esclavitud.

A pesar del éxito en la regulación del asentamiento occidental, a finales de la década de 1780, había una sensación general de que la sociedad y el gobierno estadounidenses no habían logrado las expectativas idealistas de libertad y progreso que inspiraron a la nación durante la guerra contra Gran Bretaña. Thomas Jefferson creía que los principios de libertad y libertad establecidos en la Declaración de Independencia deberían traducirse en la sociedad estadounidense. Como miembro de la Cámara de Delegados de Virginia, y más tarde como gobernador del estado, Jefferson esperaba introducir una constitución estatal que reconociera estos principios. Pensó que había que conceder tierra libre a los miembros más pobres de la sociedad para que pudieran cultivarla y desarrollarse. Creía que la esclavitud era incompatible con la libertad, reconocía que debía llegar a su fin de alguna manera, y abogaba por aumentar los derechos legales para los esclavos. Sin embargo, Jefferson no debe ser considerado como un igualitario racial. Él mismo era propietario de esclavos, y la evidencia reciente muestra que tenía una amante esclava, Sally Hemmings. La opción preferida de Jefferson para abordar la esclavitud era la colonización, por la cual los esclavos negros serían enviados a territorios distantes para mantenerlos separados de la población estadounidense blanca. La visión de Jefferson fue rechazada en gran medida por la asamblea estatal. La nobleza de Virginia que controlaba el gobierno estatal estaba dispuesta a mantener los privilegios que disfrutaban antes de la revolución. Por lo tanto, la mayoría de los virginianos no encontraron un gran cambio con respecto al dominio británico, y su tejido social siguió siendo el mismo. Si Estados Unidos materializaran sus aspiraciones de libertad, tenían que reducir el poder de las élites estatales establecidas que tenían poco que ganar y mucho que perder.

El reconocimiento generalizado de que los Artículos de la Confederación no servían para el propósito con el que habían sido redactados llevó a llamamientos para modificar el documento y fortalecer el gobierno nacional. Estas voces se hicieron más fuertes después de la rebelión de Shays en 1786. Daniel Shays era un granjero de Massachusetts que había servido en el Ejército Continental al comienzo de la guerra en Lexington y Concord. Shays y sus partidarios, la mayoría de los cuales eran agricultores del centro y oeste de Massachusetts, sufrieron de la política financiera del estado. El gobierno estatal en Massachusetts estaba dominado por comerciantes que impusieron altos impuestos para financiar la deuda estatal y sus obligaciones con el Congreso. Estas medidas provocaron una rebelión en agosto de 1786 después de que la legislatura estatal no considerara las numerosas peticiones de alivio de la deuda. Durante los meses siguientes, la rebelión se extendió por todo el estado, y en enero de 1787, los rebeldes amenazaron con tomar el control de la armería federal en Springfield. El Congreso no pudo suministrar un ejército para reprimir la rebelión, por lo que correspondió a las autoridades de Massachusetts hacerlo. La milicia estatal, bajo el mando del general William Shepard, se hizo con el control de la armería sin autorización del Congreso, mientras que el general Benjamin Lincoln mandó a una milicia privada que se enfrentara a Shays. En junio de 1787, la rebelión fue reprimida con éxito, pero estaba claro para todos que había que hacer cambios radicales para que Estados Unidos sobreviviera y cumpliera su promesa de construir una nueva sociedad.

Capítulo 12 – Una unión más perfecta

Los principales políticos estadounidenses que reconocieron que los Artículos de la Confederación eran insatisfactorios se reunieron en Filadelfia en mayo de 1787 para discutir propuestas y enmendar los artículos. La mayoría de estos hombres, aunque leales a sus propios estados, reconocieron que la autoridad del gobierno nacional tenía que ser aumentada. James Madison fue uno de los más entusiastas defensores para aumentar los poderes del gobierno nacional. Miembro de la delegación de Virginia, Madison había sido fundamental para convocar la Convención de Annapolis el año anterior, que examinaba la cuestión del comercio interestatal. Aunque solo había cinco estados representados en Annapolis, delegados de doce estados se reunieron en Filadelfia, solo Rhode Island no envió una delegación. Entre los compañeros delegados de Madison de Virginia estaba el propio general Washington, quien había sido persuadido para regresar a la política después de su retiro de la vida pública tras renunciar a su cargo de comandante en jefe. Aunque Washington no tenía puntos de vista particularmente sofisticados sobre cómo debía estructurarse el nuevo gobierno, su experiencia en el trato con el Congreso durante la guerra lo convenció de que el gobierno nacional requería mayores poderes. Washington continuaba disfrutando de la reputación de un héroe nacional cualquier recomendación que hiciera a los estados sería escuchada. Washington fue elegido presidente de la Convención.

Los delegados decidieron que los Artículos de la Confederación no podían ser modificados y se requería una nueva constitución para establecer los poderes de un nuevo gobierno nacional. Madison propuso que el gobierno debería estar formado por tres ramas separadas: la legislativa, la ejecutiva y la judicatura. La doctrina de la separación de poderes se inspiró en *El espíritu de las leyes,* del filósofo francés Montesquieu, que se basaba en la constitución británica. La legislatura propondría y votaría las leyes, el ejecutivo las aplicaría y el poder judicial se aseguraría de que se siguieran las leyes. Si bien estas funciones estaban separadas en el gobierno británico, no se podía decir que fueran independientes. Los miembros de las cámaras del Parlamento formaron tanto el poder ejecutivo como el poder judicial. En la nueva constitución estadounidense, los individuos solo servirían en una rama del gobierno con muy pocas excepciones. Y el poder legislativo aseguraría que el gobierno era responsable ante el pueblo. Madison inicialmente propuso que el Congreso fuera bicameral, que constara de dos cámaras, donde la cámara baja sería elegida directamente por el pueblo, mientras que la Cámara Alta sería elegida por los miembros de la Cámara Baja. La legislación propuesta tendría que cumplir con la aprobación de ambas cámaras antes de convertirse en ley. El poder legislativo tendría la facultad de aumentar la fiscalidad, declarar la guerra y hacer acuerdos fiscales. Las competencias del poder legislativo se establecerían en el artículo I de la nueva Constitución.

Los miembros de la convención pronto se dividieron en dos campos por la cuestión de la representación del Estado en la nueva legislatura. Edmund Randolph de Virginia presentó un plan, en gran parte redactado por Madison, que proponía que los estados deberían estar representados en el Congreso según el tamaño de su población.

De acuerdo con este principio, que se conoció como el Plan de Virginia, los estados más poblados gozarían de una mayor representación en la legislatura nacional. La propuesta de Virginia fue apoyada por Pensilvania y Massachusetts, el segundo y tercer estado más poblado del sindicato. Los Estados más pequeños se resistieron a la propuesta, reconociendo que su representación se vería disminuida. Los tres estados más grandes representaban casi la mitad de la población estadounidense y, por lo tanto, controlarían la mitad de los votos en el Congreso. Los estados más pequeños, como Delaware, Maryland e incluso Nueva York, que permanecieron escasamente poblados en esta etapa, apoyaron el plan presentado por William Paterson de Nueva Jersey. El Plan de Nueva Jersey propuso que la representación de cada estado sería igual independientemente de su población. Este era efectivamente el mismo principio que regía los Artículos de la Confederación, donde cada estado podía emitir un voto en el Congreso independientemente de su tamaño. Finalmente, los delegados de Connecticut Oliver Ellsworth y Roger Sherman propusieron que un Congreso dividido en dos cámaras podría tener representación proporcional en la Cámara Baja (la Cámara de Representantes) y una representación igualitaria en la Cámara Alta (el Senado). Aunque los delegados de Pensilvania y Virginia continuaron oponiéndose a esto, finalmente fue aprobado por la Convención el 16 de julio de 1787.

Un elemento crucial de la cuestión de la representación estaba relacionado con la forma en que los esclavos debían ser contabilizados en la Cámara Baja. A los esclavos se les negó el derecho a votar y, por lo tanto, no estarían representados en la legislatura. Sin embargo, los estados del sur, incluyendo Carolina del Sur y Georgia, tenían grandes poblaciones de esclavos que trabajaban en plantaciones. Estos estados del sur reconocieron el sentimiento predominantemente antiesclavista en el norte, y entendieron que tendrían que luchar en el Congreso para preservar la institución de la esclavitud que sostenía sus economías. Si los esclavos no fueran contados para la representación, entonces los estados del sur tendrían una voz menor en los debates. La Convención finalmente utilizó la fórmula por la cual cada esclavo representaría tres quintas partes de un hombre libre para determinar la representación para cada estado. La misma fórmula había sido sugerida por Madison en 1783 para determinar la contribución financiera de cada estado al Congreso. Aunque muchos norteños se sintieron incómodos con hacer este compromiso, la Convención lo hizo para garantizar que Carolina del Sur y Georgia siguieran siendo parte de la Unión. El debate sobre la esclavitud se extendió a la trata de esclavos del Atlántico. Aunque muchos delegados esperaban abolir la importación de esclavos al otro lado del Atlántico, finalmente no se acordó abolir el comercio exterior de esclavos hasta 1808. La cuestión de la esclavitud fue uno de los debates más polémicos durante la Convención de Filadelfia, pero los delegados tenían cuidado de no emplear el término "esclavo" en sus deliberaciones. En el documento final se les refirió como "todas las demás personas".

Las deliberaciones sobre la representación en el Congreso dieron paso a los debates sobre el poder ejecutivo. El jefe del poder ejecutivo sería el presidente de los Estados Unidos de América. En virtud de su cargo, el presidente se convertiría en el comandante en jefe de las fuerzas armadas de Estados Unidos y se le daría el derecho de nombrar oficiales del ejército. El presidente también recibió el poder de nombrar embajadores y jueces federales, a la espera de la aprobación del Senado. Los límites de mandato del presidente se extendieron a cuatro años con derecho a la reelección, aunque hubo desacuerdos sobre cómo se debía elegir al presidente. Madison creía que el presidente debía ser elegido por el pueblo, pero otros creían que esto no podía garantizar que el presidente fuera un individuo apto para el cargo. La Convención acordó temporalmente el 17 de julio que el presidente fuese elegido por la legislatura nacional, pero más tarde optó por un colegio electoral. Los estados designarían a un número de electores igual a toda su representación en el Congreso que emitirían dos votos. La persona que recibiera el mayor número de votos serviría como presidente, y el segundo más votados sería el vicepresidente. La Cámara de Representantes tendría la última palabra en caso de empate, con cada estado emitiendo un voto cada uno. Si ningún candidato obtuviera la mayoría de los votos electorales, la Cámara de Representantes elegiría al presidente entre los cinco candidatos con la mayor cantidad de votos. Por lo tanto, la presidencia era elegida indirectamente, aunque algunos estados optaron por permitir que los electores fueran elegidos por el pueblo a través de elecciones, mientras que otros nominaron a los electores a través de sus legislaturas estatales. Los poderes del Ejecutivo fueron esbozados en el Artículo II de la Constitución firmado por la Convención de Filadelfia. Los poderes del Poder Judicial fueron esbozados en el Artículo III. La Corte Suprema de los Estados Unidos estaba formada por jueces que eran designados por el presidente de por vida. El 17 de septiembre, 39 de los 55 hombres que asistieron a la Convención firmaron la Constitución.

Se había firmado una Constitución, pero no había garantía de que los estados ratificaran el nuevo documento. Se requería la aprobación de nueve estados, y tan pronto como la Convención de Filadelfia hubo terminado, comenzó el debate público sobre las propuestas. Los primeros artículos que critican la propuesta de Constitución aparecieron en la prensa a finales de septiembre y principios de octubre bajo los seudónimos de *Cato* y *Brutus,* figuras clave de la República romana. Argumentaron que la nueva Constitución anularía la soberanía de los estados individuales y los haría vulnerables a la tiranía del gobierno central. Temían que el presidente se convirtiera en un monarca eficiente. En respuesta a estas críticas a la Constitución que se conocerían como los *Documentos antifederalistas,* Alexander Hamilton de Nueva York se embarcó en un proyecto para persuadir a los estados de las bondades de la Constitución. Hamilton era un ex oficial de artillería en el Ejército Continental que sirvió en el personal de Washington y más tarde jugó un papel clave en la Batalla de Yorktown. Había sido delegado en la Convención Constitucional, aunque su contribución a los debates fue limitada. Hamilton publicó el primero de 85 artículos, conocidos colectivamente en la historia como los *Documentos federalistas,* el 27 de octubre de1787 bajo el seudónimo *Publio,* en honor a Publio Valerio Publícola, uno de los fundadores de la República romana. En el *Documento federalista* n.º1, Hamilton explicó por qué la unión de los estados serviría para fomentar la prosperidad nacional, destacando la insuficiencia de los Artículos de la Confederación y cómo la Constitución podría servir para proteger la libertad, la propiedad y la república estadounidense. Aquí esbozó los temas que se cubrirían en el resto de los *Documentos federalistas.*

Hamilton inicialmente se acercó a su compañero neoyorquino John Jay como colaborador en este proyecto, y Jay produjo cuatro poderosos textos que siguieron el primero de Hamilton. Después de esto, Jay cayó enfermo y solo contribuiría con un artículo más en la serie, n.º 64. A la luz de la enfermedad de Jay, Hamilton se volvió hacia James Madison. Los dos hombres trabajaron a un ritmo frenético, publicando tres o cuatro artículos a la semana durante varios meses. La producción de Madison consistió en al menos 29 artículos, muchos de los cuales abordaron las preocupaciones de los antifederalistas. En respuesta a los temores de un gobierno tiránico, Hamilton y Madison argumentaron que la Unión estaba al borde del colapso, y cualquier disolución del sindicato provocaría que los estados entraran en conflicto entre sí, lo que haría que la república estadounidense fuera vulnerable a los planes de las monarquías europeas. También propusieron que cualquier diferencia de opinión sobre los intereses económicos y políticos se resolviera en un Congreso representativo. Madison creía que un sistema claramente definido y la clara delineación de los poderes del gobierno federal por parte de la Constitución protegerían los derechos y las libertades individuales de los estados. Además, Madison discutió medidas para prevenir la tiranía de la mayoría, y apoyó la expansión de Estados Unidos en una gran república comercial en el *Documento* f*ederalista* n.º 10. En los números 39 y 51 defendió los principios detrás de la separación de poderes en tres ramas, así como el reparto del poder entre el gobierno federal y los estados. Las ramas independientes del gobierno proporcionarían controles y equilibrios sobre el otro y evitarían la tiranía de la mayoría.

Aunque los *Documentos federalistas* fueron publicados inicialmente en Nueva York y dirigidos "Al Estado y al pueblo de Nueva York", contribuyeron al debate nacional sobre la ratificación y fueron utilizados por los defensores de la Constitución en todo el sindicato. En los meses siguientes a la firma de la Constitución, las convenciones estatales se reunieron para discutir la ratificación. Delaware fue el primer estado en ratificarlo el 7 de diciembre. Pronto se unió a Pensilvania, que estaba destinada a ser un eje de la nueva unión, y en un mes cinco estados habían aprobado la Constitución. En febrero de 1788, Massachusetts aprobó la Constitución por un estrecho margen. John Hancock y Samuel Adams tuvieron que ser persuadidos para apoyar la causa federalista a pesar de algunas reservas. En junio, tras la decisión de New Hampshire de aceptar la Constitución, contaba con el apoyo de los nueve estados que se requería para que entrara en vigor. Pero dos estados poderosos, Virginia y Nueva York, permanecieron al margen. Después de un intenso debate, Virginia la ratificó a finales de junio. Nueva York se mostró reacia a hacerlo sin una Carta de Derechos que protegiera los derechos del pueblo y de los estados. Alexander Hamilton había argumentado en contra en el *Documento federalista* n.º 84, apuntando que la Constitución no existía para limitar los derechos del pueblo, sino para definir el alcance del gobierno federal. Sin embargo, Nueva York solo la ratificaría en julio con la condición de que se introdujera una Carta de Derechos. Cuando el nuevo Congreso se reunió en la primavera de 1789, preparó una Carta de Derechos que fue redactada por Madison. De los doce artículos presentados, diez fueron aprobados en 1791. La Primera Enmienda garantizó la libertad de expresión entre otras libertades, la Segunda

Enmienda protegía el derecho a portar armas para protegerse contra la tiranía, mientras que la Décima Enmienda estipulaba que todos los poderes que no fueran delegados al gobierno nacional estaban reservados a los estados y al pueblo. Carolina del Norte y Rhode Island finalmente ratificaron la Constitución en noviembre de 1789 y junio de 1790 respectivamente y posteriormente se unieron a la Unión.

Capítulo 13 – Destino manifiesto

La Constitución de Estados Unidos resultó ser un documento notablemente duradero. Desde la aprobación de la Carta de Derechos, solo se ha modificado en otras diecisiete ocasiones desde que entró en vigor en julio de 1788. El gobierno federal comenzó sus operaciones el 4 de marzo de 1789. Ese día, los miembros del Congreso abrieron la nueva sesión del Congreso en Nueva York. El 6 de abril, el Congreso se reunió para certificar los resultados de las primeras elecciones presidenciales. George Washington había sido elegido por unanimidad para la presidencia. John Adams, que recibió el segundo mayor número de votos, se convirtió en vicepresidente. Washington conoció la noticia de los resultados el 14 de abril e inauguró el Federal Hall de Nueva York el 30 de abril. En septiembre, Washington nombró a John Jay como el primer juez principal de la Corte Suprema y eligió a otros cinco jueces asociados. Por lo tanto, los tres brazos del gobierno federal estaban en su lugar.

En el verano de 1789, el Congreso crearía tres departamentos ejecutivos para ayudar a Washington en la gestión de los asuntos gubernamentales: el departamento de Estado con responsabilidad en asuntos exteriores, el departamento de Guerra para asuntos militares y el Tesoro con la responsabilidad de las finanzas públicas. Washington nombró a Thomas Jefferson como secretario de Estado.

Henry Knox y Alexander Hamilton, dos de los ex funcionarios de Washington, fueron nombrados para servir como secretario de guerra y secretario del Tesoro respectivamente. Como uno de los principales defensores del gobierno federal, Hamilton fue la fuerza impulsora de la administración de Washington. Hamilton siguió una agenda para transformar Estados Unidos en una potencia económica y comercial mediante el establecimiento de un sistema de crédito nacional apoyado por el Primer Banco de los Estados Unidos. Washington favoreció la postura de Hamilton y aprobó muchas de las propuestas de su secretario del Tesoro, pero también estaba dispuesto a apaciguar a Jefferson, quien se oponía a los intentos de Hamilton de crear nuevas instituciones federales. A Jefferson le preocupaba que las medidas para fomentar el comercio favorecieran a los estados del norte a expensas de los estados del sur. Como compromiso, en 1790 Hamilton acordó apoyar propuestas para reubicar la capital nacional más al sur, cerca de Georgetown en el río Potomac. El territorio fue nombrado Distrito de Columbia y la ciudad se llamó Washington en honor al presidente. El gobierno federal se mudó temporalmente a Filadelfia y los trabajos de construcción de la nueva capital comenzaron en 1791. Washington había planeado retirarse de la presidencia después de un solo mandato, pero fue persuadido para permanecer en el cargo durante un segundo mandato, de 1793 a 1797. En 1796, al final de su segundo mandato, Washington decidió renunciar a su cargo, estableciendo un precedente que no se rompería hasta la década de 1940. En su discurso de despedida, publicado en septiembre de 1796, Washington advirtió a las clases políticas estadounidenses que participar en el faccionalismo sería perjudicial para la causa de la libertad. La advertencia de Washington cayó en oídos sordos. Las disputas entre Hamilton y Jefferson proporcionaron el contexto para el primer sistema de partidos, enfrentando a los federalistas de Hamilton contra los republicanos jeffersonianos. Después de la retirada de Washington en 1797, John Adams fue elegido presidente mientras Jefferson se convertía en vicepresidente. Adams era federalista y continuó aplicando las políticas de Hamilton en el cargo. Este acuerdo significaba que el presidente y el vicepresidente eran miembros de partidos opositores, y pronto los dos hombres, antiguos amigos y líderes de la revolución, ya no estaban en buenos términos. El primer sistema de partidos continuaría hasta finales de la década de 1810. Los republicanos jeffersonianos tuvieron el dominio después de que se culpara a los federalistas de ser demasiado comprensivos con los intereses británicos durante la Guerra de 1812 contra los británicos. La política estadounidense sigue estando dominada por dos partidos importantes en la actualidad.

La incómoda situación del presidente y el vicepresidente que representan a diferentes partidos se abordó en las elecciones de 1800, cuando los principales candidatos a la presidencia seleccionaron a un compañero de partido como vicepresidente. Con el fin de asegurar que los candidatos del mismo partido no estuvieran vinculados, se esperaba que uno de los electores votara por el candidato presidencial, y su segundo votara por un tercer individuo. Jefferson ganó por poco las elecciones con 73 votos mientras que Adams obtuvo 65. La elección fue presentada a la Cámara de Representantes saliente, que estaba controlada por los federalistas. Los federalistas vieron a Jefferson como su principal oponente y trataron de privarlo de la presidencia favoreciendo a Aaron Burr, su segundo en la campaña. Hamilton, que ya no ocupaba cargos públicos, aseguró que su compañero neoyorquino Burr era la mayor amenaza para la causa federalista y trató de persuadir a los congresistas federalistas para que apoyaran a Jefferson. Jefferson fue elegido debidamente para la presidencia en la votación de la Cámara, y Burr fue nombrado vicepresidente. La intervención de Hamilton para impedir que Burr fuera presidente tendría repercusiones duraderas. En julio de 1804, los dos hombres se batieron en duelo, motivados por las elecciones de 1800, así como por la política local de Nueva York. Hamilton fue mortalmente herido por Burr, cuya carrera política terminó como resultado de esta pelea. Con el fin de evitar que se repitiera la crisis de

1800, se aprobó la Décima Enmienda para establecer elecciones separadas en el colegio electoral para presidente y vicepresidente.

A principios del siglo XIX, las instituciones políticas y los procesos que definirían el gobierno de los Estados Unidos ya se habían establecido en gran medida. Su extensión territorial, sin embargo, era una fracción de su tamaño actual, aunque ya se estaban admitiendo nuevos estados en la Unión. El Tratado de París había establecido las fronteras occidentales de los Estados Unidos en el Misisipi, aunque esta decisión fue discutida por España. En 1800, España devolvió el territorio de Luisiana a Francia a cambio de territorios en Italia conquistados por los ejércitos revolucionarios franceses. Napoleón Bonaparte, que recientemente había llegado al poder en un golpe militar, trató de restablecer los intereses comerciales franceses en América del Norte. Los colonos estadounidenses en el oeste estaban preocupados por las ambiciones francesas en Luisiana. En 1803, el gobierno de Jefferson se acercó a Napoleón ofreciéndose a comprar el puerto de Nueva Orleans a Francia por 10 millones de dólares, y asegurar así que los comerciantes estadounidenses pudieran moverse libremente a lo largo del río Mississippi. Napoleón respondió positivamente a esta propuesta, ya que el gobierno francés estaba preparándose para reanudar sus hostilidades con Gran Bretaña. La derrota de los franceses en la Revolución haitiana de 1803 había supuesto un revés para el proyecto norteamericano de Napoleón. Por lo tanto, los franceses ofrecieron vender la totalidad de Luisiana por 15 millones de dólares, una oferta que fue inmediatamente aceptada por los agentes estadounidenses. Los franceses esperaban que la posesión estadounidense de Luisiana alentara a Estados Unidos a convertirse en una potencia comercial y un contrapeso a los intereses británicos.

En 1804, Jefferson envió una expedición de voluntarios del ejército de Estados Unidos bajo el mando de Meriwether Lewis y William Clark para inspeccionar los nuevos territorios que había comprado. La expedición de Lewis y Clark partió de St. Louis en mayo de 1804 y atravesó todo el territorio de Luisiana, encontrándose con muchas tribus indias en el proceso. Luego se trasladaron más al oeste a través de la tierra reclamada por los británicos hasta que llegaron al Pacífico en noviembre de 1805. El equipo de la expedición hizo su viaje de regreso la primavera siguiente y regresó a St. Louis en septiembre de 1806. Lewis y Clark reportaron información científica, geográfica y etnográfica sobre el territorio de Luisiana, y la expedición también sirvió para reclamar los territorios del Pacífico. Durante las décadas siguientes, oleadas de colonos estadounidenses se congregarían hacia el oeste en un esfuerzo por buscar su fortuna y escapar de las dificultades económicas. A medida que un número cada vez mayor de estadounidenses se asentaron en estas nuevas tierras, entraron en conflicto con los pueblos indígenas. En la década de 1800, cinco naciones indias en el sureste fueron consideradas naciones autónomas por Estados Unidos con el objetivo de que se asimilaran a la cultura estadounidense, pero las presiones de los asentamientos estadounidenses llevaron a disputas por las tierras. En 1830, el presidente Andrew Jackson firmó la Ley de Remoción de indios que obligó a las cinco tribus a renunciar a sus tierras a cambio de otras menos fértiles al oeste, en lo que se convertiría en el territorio de Oklahoma. Los indios se resistieron violentamente a esta medida, y miles de ellos murieron cuando fueron sacados por la fuerza en el llamado Sendero de Lágrimas durante la década de 1830.

La compra de Luisiana duplicó el tamaño de los Estados Unidos, pero todavía había extensos territorios al oeste controlados por el Imperio español. En 1821, estos territorios se convirtieron en parte de México después de que este último obtuviera la independencia de sus amos coloniales europeos. Los colonos estadounidenses se establecieron en el estado mexicano de Texas durante la década de 1820. Pronto estallaron hostilidades contra los mexicanos dando como resultado su independencia de México en 1836. La República de Texas sería admitida más tarde en los Estados Unidos en 1846 durante la presidencia de James K. Polk. Polk creía que era el destino de Estados Unidos era extender sus principios republicanos por todo el continente y se hizo con más territorio mexicano al suroeste, así como tierras británicas al noroeste. La guerra entre México y Estados Unidos (1846-48) resultó ser una derrota catastrófica para los mexicanos. En el Tratado de Guadalupe Hidalgo, México cedió la mitad de sus tierras a Estados Unidos. Polk también negoció un acuerdo con los británicos que preveía el control estadounidense de la mitad sur del país de Oregón, los actuales estados de Washington y Oregón. Con estas adquisiciones territoriales, los Estados Unidos se expandieron a la costa del Pacífico y asumieron gran parte de su extensión territorial actual.

La expansión hacia el oeste de Estados Unidos no solo condujo a enfrentamientos con los indios, sino que alimentó aún más el debate sobre el futuro de la esclavitud. Estados Unidos se había establecido sobre una base contradictoria de reconocer las libertades de todos los hombres mientras mantenían esclavos negros en cautiverio. La Unión trató de ser imparcial entre los estados antiesclavistas del norte y los estados propietarios de esclavos del sur. Aunque los estados del norte creían que el gobierno federal no tenía el poder constitucional de abolir la esclavitud donde ya existía, se opusieron a la expansión de la esclavitud. La admisión nuevos estados en la Unión, cada uno con dos senadores, amenazaba con alterar el equilibrio político entre los estados del norte y el sur. El debate sobre la admisión de Misuri en 1820 puso en riesgo el futuro del sindicato. Finalmente se negoció un compromiso con Henry Clay de Kentucky, por el cual Misuri sería admitido como un estado esclavo, pero como contrapartida se admitiría Maine, anteriormente parte de Massachusetts, como un estado libre. En los territorios al norte de la frontera sur de Misuri se limitarían a partir de ahora la esclavitud. Este fue el primero de un conjunto de compromisos que se acordaron durante la primera mitad del siglo XIX. La incorporación de California en el sindicato después de la guerra de México concluyó con un nuevo compromiso sobre la esclavitud en 1850, una vez más negociado por Clay a la edad de 73 años.

Las disputas sobre la expansión de la esclavitud continuaron en la década de 1850 por la admisión de Kansas y Nebraska en la Unión. La aceptación de estos estados fue una condición previa para la construcción de un ferrocarril transcontinental que unía Chicago con el Pacífico, defendido por el senador Stephen Douglas de Illinois. Aunque ambos territorios estaban al norte de la línea del Compromiso de Misuri, los senadores del sur se negaron a votar su admisión a menos que se permitiera la esclavitud. Douglas sugirió que la extensión de la esclavitud debería depender del principio de soberanía popular, permitiendo que los propios territorios votaran sobre la cuestión. Este principio fue parte de la Ley Kansas-Nebraska de 1854, que derogó el Compromiso de Misuri. La cláusula de soberanía popular dio lugar a facciones pro y antiesclavistas que viajaron a Kansas para votar sobre el tema de la esclavitud, lo que resultó en sangrientos enfrentamientos entre los dos bandos. La violencia en Kansas presagiaba la guerra civil de los Estados Unidos (1861-65), un conflicto causado fundamentalmente por desacuerdos sobre la esclavitud. La victoria del gobierno federal estadounidense contra los Estados Confederados de América dio lugar a la abolición de la esclavitud, en primer lugar, con la Proclamación de Emancipación emitida por el presidente Abraham Lincoln en 1863, y oficialmente con la Decimotercera Enmienda en 1865. Con la abolición de la esclavitud, una de las contradicciones fundamentales de los años revolucionarios estadounidenses estaba aparentemente resuelta.

Conclusión

El éxito de la Revolución americana podría ser visto como un milagro, por el cual una milicia colonial de agricultores y mercaderes logró derrotar al ejército más profesional del mundo. Por otro lado, la derrota británica también podría verse como una consecuencia inevitable de los intentos de luchar una guerra a través de un océano en territorio hostil contra un pueblo que lucha no solo por sus hogares y familias, sino por una nueva forma de sociedad. A pesar de las disputas entre los estados y la relativa debilidad del gobierno central, y la situación a menudo desesperada del Ejército Continental, los estadounidenses evitaron la derrota en gran parte debido a su compromiso con la causa de la libertad. Sin embargo, la victoria estadounidense no puede explicarse únicamente en términos de las acciones tomadas por el Congreso o por Washington y su ejército. Sin la ayuda francesa, la guerra podría haber durado mucho más tiempo. El hecho de que la guerra terminara cuando lo hizo, tras la derrota de Cornwallis en el asedio de Yorktown, fue en gran parte la consecuencia del cambiante entorno político en Londres. La política británica pasó de intentar reprimir la revolución a alentar el desarrollo de Estados Unidos como socio comercial cercano.

En comparación con las sociedades monárquicas en Europa, la nueva república estadounidense parecía representar el progreso democrático. Sus líderes políticos establecieron se inspiraron en la filosofía política liberal de Montesquieu y John Locke, y la iconografía de la Roma republicana. Sin embargo, como en Roma, el derecho a la vida, la libertad y la búsqueda de la felicidad se limitaban en gran medida a los hombres blancos. Los derechos de la población indígena fueron ignorados en gran medida a medida que el asentamiento estadounidense se extendía más al oeste, a pesar de la asistencia que muchos pueblos indios proporcionaron a los nuevos colonos. La esclavitud siguió siendo legal y constitucional en los Estados Unidos durante noventa años después de la independencia, y tuvo que producirse una devastadora guerra civil antes de que la institución fuera abolida. Incluso después de la abolición de la esclavitud, a los afroamericanos les resultó difícil lograr la igualdad racial. Los prejuicios raciales de los estadounidenses blancos continuaron definiendo la sociedad sureña. A los afroamericanos se les prohibió votar mediante intimidación y leyes discriminatorias, como las pruebas de alfabetización. Se necesitó hasta la década de 1960, un siglo después de la abolición de la esclavitud, para que el movimiento por los derechos civiles asegurara mayores protecciones para los afroamericanos en los Estados Unidos. Fue una historia similar para las mujeres, a las que solo se les concedió el derecho a votar en 1920, después de un siglo de protesta. La elección de Barack Obama a la presidencia estadounidense en 2008 fue una señal importante de progreso, pero la discriminación racial y de género sigue prevaleciendo en la sociedad estadounidense.

La historia de los Estados Unidos es una historia de progreso y éxito. De una confederación suelta de trece colonias en el siglo XVIII, en menos de doscientos años se había convertido en la nación más poderosa del mundo. Algunas de las razones del éxito estadounidense se pueden encontrar en los derechos consagrados en la Declaración de Independencia y la Constitución de Estados Unidos. La nación se anunció como una tierra de oportunidades para los europeos que buscaban mejores medios de vida. Andrew Carnegie emigró a los Estados Unidos desde Escocia cuando era niño en 1848, y construyó un imperio de negocios de ferrocarriles y aceros que lo convirtió en uno de los hombres más ricos del mundo y un famoso filántropo. Albert Einstein encontró su hogar en los Estados Unidos después de que Adolf Hitler llegara al poder en su Alemania natal en 1933. Otro emigrante judío, Henry Kissinger, se convertiría en uno de los estadistas más influyentes del país en los años 70 y 80, un gigante político de la época. La capacidad de los Estados Unidos para atraer talento de todo el mundo, su espíritu de liberalismo y gobierno constitucional en la política y la economía, han contribuido a que Estados Unidos se convierta en la nación más poderosa del mundo. Corporaciones estadounidenses como Microsoft, Apple, McDonalds y Coca-Cola han dejado su huella en todo el mundo.

Aunque Estados Unidos ha cambiado mucho en los últimos dos siglos y medio, los debates que dominan el discurso político estadounidense hoy reflejan fuertemente los mismos debates durante la Revolución americana y los primeros días de la república estadounidense. Cuestiones como los derechos y las libertades, el equilibrio de poder entre el gobierno federal y estatal, y la necesidad de proteger la libertad frente a la tiranía han sido parte del discurso político estadounidense desde que los rebeldes de Massachusetts lanzaron el té al puerto de Boston. Los Padres Fundadores de los Estados Unidos no compartieron una sola filosofía política, y muchos fueron inicialmente reacios a apoyar los llamamientos a la independencia. Estados Unidos ganó su independencia a través del ejército de George Washington y los escritos de Thomas Paine, y la primera república se forjó a través de la tensión dinámica entre los seguidores de Hamilton y Jefferson, cada uno dándole forma a Estados Unidos a su manera. Todos estos hombres creían fundamentalmente en los derechos y libertades del pueblo estadounidense, pero tenían diferentes concepciones sobre su alcance y la mejor manera de protegerlos de la tiranía. Para entender hoy

Estados Unidos, vale la pena entender los principios que inspiraron su fundación y las circunstancias en las que se la independencia.

Vea más libros escritos por
Captivating History

Lectura adicional

Brogan, H., *The Penguin History of the United States* (Londres, 1990).

Chernow, R., *Alexander Hamilton* (Nueva York, 2004).

Chernow, R., *Washington: A Life* (Nueva York, 2010).

Ferling, J., *Almost A Miracle: The American Victory in the War of Independence* (Oxford, 2009).

McCullough, D., *1776: Estados Unidos y Gran Bretaña en guerra* (Nueva York, 2005).

Meacham, J., *Thomas Jefferson: The Art of Power* (Nueva York, 2012).

Middlekauff, R., *The Glorious Cause: The American Revolution, 1763-1789* (Oxford, 2005).

Reynolds, D., *America: Empire of Liberty* (Londres, 2010).

Taylor, A., *American Revolutions: A Continental History, 1750-1804* (Nueva York, 2016).

Van Cleve, G., *We Have Not a Government: The Articles of Confederation and the Road to the Constitution* (Chicago, 2017).

Wood, G. S., *The American Revolution: A History* (Nueva York, 2003).

www.ingramcontent.com/pod-product-compliance
Lightning Source LLC
LaVergne TN
LVHW041645060526
838200LV00040B/1718